I0232670

ESTÔNIO
VOCABULÁRIO

PORTUGUÊS ESTÔNIO

Para alargar o seu léxico e apurar
as suas competências linguísticas

5000 palavras

Vocabulário Português Brasileiro-Estônio - 5000 palavras

Por Andrey Taranov

Os vocabulários da T&P Books destinam-se a ajudar a aprender, a memorizar, e a rever palavras estrangeiras. O dicionário é dividido em temas, cobrindo todas as principais esferas de atividades quotidianas, negócios, ciência, cultura, etc.

O processo de aprendizagem, utilizando os dicionários baseados em temáticas da T&P Books dá-lhe as seguintes vantagens:

- Informação de origem corretamente agrupada predetermina o sucesso em fases subsequentes da memorização de palavras
- Disponibilização de palavras derivadas da mesma raiz, o que permite a memorização de unidades de texto (em vez de palavras separadas)
- Pequenas unidades de palavras facilitam o processo de estabelecimento de vínculos associativos necessários para a consolidação do vocabulário
- O nível de conhecimento da língua pode ser estimado pelo número de palavras aprendidas

T&P Books Publishing
www.tpbooks.com

ISBN: 978-1-78767-400-4

Este livro também está disponível em formato E-book.
Por favor visite www.tpbooks.com ou as principais livrarias on-line.

VOCABULÁRIO ESTÔNIO
palavras mais úteis

Os vocabulários da T&P Books destinam-se a ajudar a aprender, a memorizar, e a rever palavras estrangeiras. O vocabulário contém mais de 5000 palavras de uso comum organizadas tematicamente.

O vocabulário contém as palavras mais comummente usadas
Recomendado como adicional para qualquer curso de línguas
Satisfaz as necessidades dos iniciados e dos alunos avançados de línguas estrangeiras
Conveniente para o uso diário, sessões de revisão e atividades de auto-teste
Permite avaliar o seu vocabulário

Características especias do vocabulário

* As palavras estão organizadas de acordo com o seu significado, e não por ordem alfabética
* As palavras são apresentadas em três colunas para facilitar os processos de revisão e auto-teste
* As palavras compostas são divididas em pequenos blocos para facilitar o processo de aprendizagem
* O vocabulário oferece uma transcrição simples e adequada de cada palavra estrangeira

O vocabulário contém 155 tópicos incluindo:

Conceitos básicos, Números, Cores, Meses, Estações do ano, Unidades de medida, Roupas & Acessórios, Alimentos & Nutrição, Restaurante, Membros da Família, Parentes, Caráter, Sentimentos, Emoções, Doenças, Cidade, Passeios, Compras, Dinheiro, Casa, Lar, Escritório, Trabalho no Escritório, Importação & Exportação, Marketing, Pesquisa de Emprego, Esportes, Educação, Computador, Internet, Ferramentas, Natureza, Países, Nacionalidades e muito mais ...

TABELA DE CONTEÚDOS

GUIA DE PRONUNCIAÇÃO

Letra	Exemplo Estônio	Alfabeto fonético T&P	Exemplo Português
a	vana	[ɑ]	chamar
aa	poutaa	[ɑ:]	rapaz
e	ema	[e]	metal
ee	Ameerika	[e:]	plateia
i	ilus	[i]	sinônimo
ii	viia	[i:]	cair
o	orav	[o]	lobo
oo	antiloop	[o:]	albatroz
u	surma	[u]	bonita
uu	arbuus	[u:]	blusa
õ	võõras	[ɔu]	chow-chow
ä	pärn	[æ]	semana
ö	köha	[ø]	orgulhoso
ü	üks	[y]	questionar

Consoantes

b	tablett	[b]	barril
d	delfiin	[d]	dentista
f	faasan	[f]	safári
g	flamingo	[g]	gosto
h	haamer	[h]	[h] aspirada
j	harjumus	[j]	Vietnã
k	helikopter	[k]	aquilo
l	ingel	[l]	libra
m	magnet	[m]	magnólia
n	nöör	[n]	natureza
p	poolsaar	[p]	presente
r	ripse	[r]	riscar
s	sõprus	[s]	sanita
š	šotlane	[ʃ]	mês
t	tantsima	[t]	tulipa
v	pilves	[ʋ]	fava
z	zookauplus	[z]	sésamo
ž [1]	žonglöör	[ʒ]	voz

Comentários

[1] apenas em estrangeirismos

ABREVIATURAS
usadas no vocabulário

Abreviaturas do Português

adj	-	adjetivo
adv	-	advérbio
anim.	-	animado
conj.	-	conjunção
desp.	-	esporte
etc.	-	Etcetera
ex.	-	por exemplo
f	-	nome feminino
f pl	-	feminino plural
fem.	-	feminino
inanim.	-	inanimado
m	-	nome masculino
m pl	-	masculino plural
m, f	-	masculino, feminino
masc.	-	masculino
mat.	-	matemática
mil.	-	militar
pl	-	plural
prep.	-	preposição
pron.	-	pronome
sb.	-	sobre
sing.	-	singular
v aux	-	verbo auxiliar
vi	-	verbo intransitivo
vi, vt	-	verbo intransitivo, transitivo
vr	-	verbo reflexivo
vt	-	verbo transitivo

CONCEITOS BÁSICOS

Conceitos básicos. Parte 1

1. Pronomes

eu	mina	[mina]
você	sina	[sina]
ele	tema	[tema]
ela	tema	[tema]
ele, ela (neutro)	see	[se:]
nós	meie	[meje]
vocês	teie	[teje]
eles, elas	nemad	[nemat]

2. Cumprimentos. Saudações. Despedidas

Oi!	Tere!	[tere!]
Olá!	Tere!	[tere!]
Bom dia!	Tere hommikust!	[tere hommikusʲt!]
Boa tarde!	Tere päevast!	[tere pæeʋasʲt!]
Boa noite!	Tere õhtust!	[tere ɜhtusʲt!]
cumprimentar (vt)	teretama	[teretama]
Oi!	Tervist!	[terʋisʲt!]
saudação (f)	tervitus	[terʋitus]
saudar (vt)	tervitama	[terʋitama]
Tudo bem?	Kuidas läheb?	[kuidas lʲæheb?]
E aí, novidades?	Mis uudist?	[mis u:disʲt?]
Tchau! Até logo!	Nägemist!	[nægemisʲt!]
Até breve!	Kohtumiseni!	[kohtumiseni!]
Adeus!	Hüvasti!	[hʉʋasʲti!]
despedir-se (dizer adeus)	hüvasti jätma	[hʉʋasʲti jætma]
Até mais!	Hüva!	[hʉʋa!]
Obrigado! -a!	Aitäh!	[aitæh!]
Muito obrigado! -a!	Suur tänu!	[su:r tænu!]
De nada	Palun.	[palun]
Não tem de quê	Pole tänu väärt.	[pole tænu ʋæ:rt]
Não foi nada!	Pole tänu väärt.	[pole tænu ʋæ:rt]
Desculpa!	Vabanda!	[ʋabanda!]
Desculpe!	Vabandage!	[ʋabandage!]
desculpar (vt)	vabandama	[ʋabandama]

desculpar-se (vr)	vabandama	[ʋabandama]
Me desculpe	Minu kaastunne	[minu ka:sʲtunne]
Desculpe!	Andke andeks!	[andke andeks!]
perdoar (vt)	andeks andma	[andeks andma]
Não faz mal	Pole hullu!	[pole hulʲu]
por favor	palun	[palun]

Não se esqueça!	Pidage meeles!	[pidage me:les!]
Com certeza!	Muidugi!	[mujdugi!]
Claro que não!	Muidugi mitte!	[mujdugi mitte!]
Está bem! De acordo!	Ma olen nõus!	[ma olen nɜus!]
Chega!	Aitab küll!	[aitab kʉlʲl!]

3. Como se dirigir a alguém

Desculpe ,,,	Vabandage, ...	[ʋabandage, ,,,]
senhor	Härra	[hærra]
senhora	Proua	[proua]
senhorita	Preili	[prejlI]
jovem	Noormees	[no:rme:s]
menino	Poiss	[pojss]
menina	Tüdruk	[tʉdruk]

4. Números cardinais. Parte 1

zero	null	[nulʲ]
um	üks	[ʉks]
dois	kaks	[kaks]
três	kolm	[kolʲm]
quatro	neli	[neli]

cinco	viis	[ʋi:s]
seis	kuus	[ku:s]
sete	seitse	[sejtse]
oito	kaheksa	[kaheksa]
nove	üheksa	[ʉheksa]

dez	kümme	[kʉmme]
onze	üksteist	[ʉksʲtejsʲt]
doze	kaksteist	[kaksʲtejsʲt]
treze	kolmteist	[kolʲmtejsʲt]
catorze	neliteist	[nelitejsʲt]

quinze	viisteist	[ʋi:sʲtejsʲt]
dezesseis	kuusteist	[ku:sʲtejsʲt]
dezessete	seitseteist	[sejtsetejsʲt]
dezoito	kaheksateist	[kaheksatejsʲt]
dezenove	üheksateist	[ʉheksatejsʲt]

vinte	kakskümmend	[kakskʉmment]
vinte e um	kakskümmend üks	[kakskʉmment ʉks]
vinte e dois	kakskümmend kaks	[kakskʉmment kaks]

vinte e três	kakskümmend kolm	[kakskʉmment kolʲm]
trinta	kolmkümmend	[kolʲmkʉmment]
trinta e um	kolmkümmend üks	[kolʲmkʉmment ʉks]
trinta e dois	kolmkümmend kaks	[kolʲmkʉmment kaks]
trinta e três	kolmkümmend kolm	[kolʲmkʉmment kolʲm]
quarenta	nelikümmend	[nelikʉmment]
quarenta e um	nelikümmend üks	[nelikʉmment ʉks]
quarenta e dois	nelikümmend kaks	[nelikʉmment kaks]
quarenta e três	nelikümmend kolm	[nelikʉmment kolʲm]
cinquenta	viiskümmend	[ʋiːskʉmment]
cinquenta e um	viiskümmend üks	[ʋiːskʉmment ʉks]
cinquenta e dois	viiskümmend kaks	[ʋiːskʉmment kaks]
cinquenta e três	viiskümmend kolm	[ʋiːskʉmment kolʲm]
sessenta	kuuskümmend	[kuːskʉmment]
sessenta e um	kuuskümmend üks	[kuːskʉmment ʉks]
sessenta e dois	kuuskümmend kaks	[kuːskʉmment kaks]
sessenta e três	kuuskümmend kolm	[kuːskʉmment kolʲm]
setenta	seitsekümmend	[sejtsekʉmment]
setenta e um	seitsekümmend üks	[sejtsekʉmment ʉks]
setenta e dois	seitsekümmend kaks	[sejtsekʉmment kaks]
setenta e três	seitsekümmend kolm	[sejtsekʉmment kolʲm]
oitenta	kaheksakümmend	[kaheksakʉmment]
oitenta e um	kaheksakümmend üks	[kaheksakʉmment ʉks]
oitenta e dois	kaheksakümmend kaks	[kaheksakʉmment kaks]
oitenta e três	kaheksakümmend kolm	[kaheksakʉmment kolʲm]
noventa	üheksakümmend	[ʉheksakʉmment]
noventa e um	üheksakümmend üks	[ʉheksakʉmment ʉks]
noventa e dois	üheksakümmend kaks	[ʉheksakʉmment kaks]
noventa e três	üheksakümmend kolm	[ʉheksakʉmment kolʲm]

5. Números cardinais. Parte 2

cem	sada	[sada]
duzentos	kakssada	[kakssada]
trezentos	kolmsada	[kolʲmsada]
quatrocentos	nelisada	[nelisada]
quinhentos	viissada	[ʋiːssada]
seiscentos	kuussada	[kuːssada]
setecentos	seitsesada	[sejtsesada]
oitocentos	kaheksasada	[kaheksasada]
novecentos	üheksasada	[ʉheksasada]
mil	tuhat	[tuhat]
dois mil	kaks tuhat	[kaks tuhat]
três mil	kolm tuhat	[kolʲm tuhat]
dez mil	kümme tuhat	[kʉmme tuhat]
cem mil	sada tuhat	[sada tuhat]

| um milhão | miljon | [miljon] |
| um bilhão | miljard | [miljart] |

6. Números ordinais

primeiro (adj)	esimene	[esimene]
segundo (adj)	teine	[tejne]
terceiro (adj)	kolmas	[kolʲmas]
quarto (adj)	neljas	[neljas]
quinto (adj)	viies	[ʋi:es]

sexto (adj)	kuues	[ku:es]
sétimo (adj)	seitsmes	[sejtsmes]
oitavo (adj)	kaheksas	[kaheksas]
nono (adj)	üheksas	[ʉheksas]
décimo (adj)	kümnes	[kʉmnes]

7. Números. Frações

fração (f)	murd	[murt]
um meio	pool	[po:lʲ]
um terço	kolmandik	[kolʲmandik]
um quarto	neljandik	[neljandik]

um oitavo	kaheksandik	[kaheksandik]
um décimo	kümnendik	[kʉmnendik]
dois terços	kaks kolmandikku	[kaks kolʲmandikku]
três quartos	kolm neljandikku	[kolʲm neljandikku]

8. Números. Operações básicas

subtração (f)	lahutamine	[lahutamine]
subtrair (vi, vt)	lahutama	[lahutama]
divisão (f)	jagamine	[jagamine]
dividir (vt)	jagama	[jagama]

adição (f)	liitmine	[li:tmine]
somar (vt)	liitma	[li:tma]
adicionar (vt)	lisama	[lisama]
multiplicação (f)	korrutamine	[korrutamine]
multiplicar (vt)	korrutama	[korrutama]

9. Números. Diversos

algarismo, dígito (m)	number	[number]
número (m)	arv	[arʋ]
numeral (m)	arvsõna	[arʋsɜna]
menos (m)	miinus	[mi:nus]

mais (m)	pluss	[pluss]
fórmula (f)	valem	[ʋalem]

cálculo (m)	arvutamine	[arʋutamine]
contar (vt)	lugema	[lugema]
calcular (vt)	arvestama	[arʋesʲtama]
comparar (vt)	võrdlema	[ʋɜrtlema]

Quanto?	Kui palju?	[kui palju?]
Quantos? -as?	Mitu?	[mitu?]

soma (f)	summa	[summa]
resultado (m)	tulemus	[tulemus]
resto (m)	jääk	[jæ:k]

alguns, algumas ...	mõni	[mɜni]
pouco (~ tempo)	natuke	[natuke]
resto (m)	ülejäänud	[ʉlejæ:nut]
um e meio	poolteist	[po:lʲtejsʲt]
dúzia (f)	tosin	[tosin]

ao meio	pooleks	[po:leks]
em partes iguais	võrdselt	[ʋɜrdselʲt]
metade (f)	pool	[po:lʲ]
vez (f)	üks kord	[ʉks kort]

10. Os verbos mais importantes. Parte 1

abrir (vt)	lahti tegema	[lahti tegema]
acabar, terminar (vt)	lõpetama	[lɜpetama]
aconselhar (vt)	soovitama	[so:ʋitama]
adivinhar (vt)	ära arvama	[æra arʋama]
advertir (vt)	hoiatama	[hojatama]

ajudar (vt)	aitama	[aitama]
almoçar (vi)	lõunat sööma	[lɜunat sø:ma]
alugar (~ um apartamento)	üürima	[ʉ:rima]
amar (pessoa)	armastama	[armasʲtama]
ameaçar (vt)	ähvardama	[æhʋardama]

anotar (escrever)	üles kirjutama	[ʉles kirjutama]
apressar-se (vr)	kiirustama	[ki:rusʲtama]
arrepender-se (vr)	kahetsema	[kahetsema]
assinar (vt)	allkirjastama	[alʲkirjasʲtama]
brincar (vi)	nalja tegema	[nalja tegema]

brincar, jogar (vi, vt)	mängima	[mængima]
buscar (vt)	otsima ...	[otsima ...]
caçar (vi)	jahil käima	[jahilʲ kæjma]
cair (vi)	kukkuma	[kukkuma]
cavar (vt)	kaevama	[kaeʋama]
chamar (~ por socorro)	kutsuma	[kutsuma]
chegar (vi)	saabuma	[sa:buma]
chorar (vi)	nutma	[nutma]

começar (vt)	alustama	[alusⁱtama]
comparar (vt)	võrdlema	[ʋɜrtlema]
concordar (dizer "sim")	nõustuma	[nɜusⁱtuma]

confiar (vt)	usaldama	[usalⁱdama]
confundir (equivocar-se)	segi ajama	[segi ajama]
conhecer (vt)	tundma	[tundma]
contar (fazer contas)	lugema	[lugema]
contar com ...	lootma ...	[lo:tma ...]
continuar (vt)	jätkama	[jætkama]

controlar (vt)	kontrollima	[kontrolⁱima]
convidar (vt)	kutsuma	[kutsuma]
correr (vi)	jooksma	[jo:ksma]
criar (vt)	looma	[lo:ma]
custar (vt)	maksma	[maksma]

11. Os verbos mais importantes. Parte 2

dar (vt)	andma	[andma]
dar uma dica	vihjama	[ʋihjama]
decorar (enfeitar)	ehtima	[ehtima]
defender (vt)	kaitsma	[kaitsma]
deixar cair (vt)	pillama	[pilⁱæma]

descer (para baixo)	laskuma	[laskuma]
desculpar (vt)	vabandama	[ʋabandama]
desculpar-se (vr)	vabandama	[ʋabandama]
dirigir (~ uma empresa)	juhtima	[juhtima]
discutir (notícias, etc.)	arutama	[arutama]

disparar, atirar (vi)	tulistama	[tulisⁱtama]
dizer (vt)	ütlema	[ʉtlema]
duvidar (vt)	kahtlema	[kahtlema]
encontrar (achar)	leidma	[lejdma]
enganar (vt)	petma	[petma]

entender (vt)	aru saama	[aru sa:ma]
entrar (na sala, etc.)	sisse tulema	[sisse tulema]
enviar (uma carta)	saatma	[sa:tma]
errar (enganar-se)	eksima	[eksima]
escolher (vt)	valima	[ʋalima]

esconder (vt)	peitma	[pejtma]
escrever (vt)	kirjutama	[kirjutama]
esperar (aguardar)	ootama	[o:tama]
esperar (ter esperança)	lootma	[lo:tma]
esquecer (vt)	unustama	[unusⁱtama]

estudar (vt)	uurima	[u:rima]
exigir (vt)	nõudma	[nɜudma]
existir (vi)	olemas olema	[olemas olema]
explicar (vt)	seletama	[seletama]
falar (vi)	rääkima	[ræ:kima]

faltar (a la escuela, etc.)	puuduma	[pu:duma]
fazer (vt)	tegema	[tegema]
ficar em silêncio	vaikima	[ʋaikima]
gabar-se (vr)	kiitlema	[ki:tlema]

gostar (apreciar)	meeldima	[me:lʲdima]
gritar (vi)	karjuma	[karjuma]
guardar (fotos, etc.)	säilitama	[sæjlitama]
informar (vt)	teavitama	[teaʋitama]
insistir (vi)	nõudma	[nɜudma]

insultar (vt)	solvama	[solʲʋama]
interessar-se (vr)	huvi tundma	[huʋi tundma]
ir (a pé)	minema	[minema]
ir nadar	suplema	[suplema]
jantar (vi)	õhtust sööma	[ɜhtusʲt sø:ma]

12. Os verbos mais importantes. Parte 3

ler (vt)	lugema	[lugema]
libertar, liberar (vt)	vabastama	[ʋabasʲtama]
matar (vt)	tapma	[tapma]
mencionar (vt)	meelde tuletama	[me:lʲde tuletama]
mostrar (vt)	näitama	[næjtama]

mudar (modificar)	muutma	[mu:tma]
nadar (vi)	ujuma	[ujuma]
negar-se a ... (vr)	keelduma	[ke:lʲduma]
objetar (vt)	vastu vaidlema	[ʋasʲtu ʋaidlema]

observar (vt)	jälgima	[jælʲgima]
ordenar (mil.)	käskima	[kæskima]
ouvir (vt)	kuulma	[ku:lʲma]
pagar (vt)	maksma	[maksma]
parar (vi)	peatuma	[peatuma]

parar, cessar (vt)	katkestama	[katkesʲtama]
participar (vi)	osa võtma	[osa ʋɜtma]
pedir (comida, etc.)	tellima	[telʲima]
pedir (um favor, etc.)	paluma	[paluma]
pegar (tomar)	võtma	[ʋɜtma]

pegar (uma bola)	püüdma	[pʉ:dma]
pensar (vi, vt)	mõtlema	[mɜtlema]
perceber (ver)	märkama	[mærkama]
perdoar (vt)	andeks andma	[andeks andma]
perguntar (vt)	küsima	[kʉsima]

permitir (vt)	lubama	[lubama]
pertencer a ... (vi)	kuuluma	[ku:luma]
planejar (vt)	planeerima	[plane:rima]
poder (~ fazer algo)	võima	[ʋɜima]
possuir (uma casa, etc.)	valdama	[ʋalʲdama]
preferir (vt)	eelistama	[e:lisʲtama]

preparar (vt)	süüa tegema	[sʉ:a tegema]
prever (vt)	ette nägema	[ette nægema]
prometer (vt)	lubama	[lubama]
pronunciar (vt)	hääldama	[hæ:lʲdama]

propor (vt)	pakkuma	[pakkuma]
punir (castigar)	karistama	[karisʲtama]
quebrar (vt)	murdma	[murdma]
queixar-se de ...	kaebama	[kaebama]
querer (desejar)	tahtma	[tahtma]

13. Os verbos mais importantes. Parte 4

ralhar, repreender (vt)	sõimama	[sɜimama]
recomendar (vt)	soovitama	[so:ʋitama]
repetir (dizer outra vez)	kordama	[kordama]
reservar (~ um quarto)	reserveerima	[reserʋe:rima]
responder (vt)	vastama	[ʋasʲtama]

rezar, orar (vi)	palvetama	[palʲʋetama]
rir (vi)	naerma	[naerma]
roubar (vt)	varastama	[ʋarasʲtama]
saber (vt)	teadma	[teadma]
sair (~ de casa)	välja tulema	[ʋælja tulema]

salvar (resgatar)	päästma	[pæ:sʲtma]
seguir (~ alguém)	järgnema ...	[jærgnema ...]
sentar-se (vr)	istuma	[isʲtuma]
ser necessário	tarvis olema	[tarʋis olema]

ser, estar	olema	[olema]
significar (vt)	tähendama	[tæhendama]
sorrir (vi)	naeratama	[naeratama]

| subestimar (vt) | alahindama | [alahindama] |
| surpreender-se (vr) | imestama | [imesʲtama] |

tentar (~ fazer)	proovima	[pro:ʋima]
ter (vt)	omama	[omama]
ter fome	süüa tahtma	[sʉ:a tahtma]

ter medo	kartma	[kartma]
ter sede	juua tahtma	[ju:a tahtma]
tocar (com as mãos)	puudutama	[pu:dutama]
tomar café da manhã	hommikust sööma	[hommikusʲt sø:ma]

| trabalhar (vi) | töötama | [tø:tama] |
| traduzir (vt) | tõlkima | [tɜlʲkima] |

unir (vt)	ühendama	[ʉhendama]
vender (vt)	müüma	[mʉ:ma]
ver (vt)	nägema	[nægema]
virar (~ para a direita)	pöörama	[pø:rama]
voar (vi)	lendama	[lendama]

14. Cores

cor (f)	värv	[ʋæru]
tom (m)	varjund	[ʋarjunt]
tonalidade (m)	toon	[to:n]
arco-íris (m)	vikerkaar	[ʋikerka:r]

branco (adj)	valge	[ʋalʲge]
preto (adj)	must	[musʲt]
cinza (adj)	hall	[halʲ]

verde (adj)	roheline	[roheline]
amarelo (adj)	kollane	[kolʲæne]
vermelho (adj)	punane	[punane]

azul (adj)	sinine	[sinine]
azul claro (adj)	helesinine	[helesinine]
rosa (adj)	roosa	[ro:sa]
laranja (adj)	oranž	[oranʒ]
violeta (adj)	violetne	[ʋioletne]
marrom (adj)	pruun	[pru:n]

dourado (adj)	kuldne	[kulʲdne]
prateado (adj)	hõbedane	[hɔbedane]

bege (adj)	beež	[be:ʒ]
creme (adj)	kreemjas	[kre:mjas]
turquesa (adj)	türkiissinine	[tʉrki:ssinine]
vermelho cereja (adj)	kirsipunane	[kirsipunane]
lilás (adj)	lilla	[lilʲæ]
carmim (adj)	vaarikpunane	[ʋa:rikpunane]

claro (adj)	hele	[hele]
escuro (adj)	tume	[tume]
vivo (adj)	erk	[erk]

de cor	värvipliiats	[ʋæruipli:ats]
a cores	värvi-	[ʋærui-]
preto e branco (adj)	must-valge	[musʲt-ʋalʲge]
unicolor (de uma só cor)	ühevärviline	[ʉheʋæruiline]
multicolor (adj)	mitmevärviline	[mitmeʋæruiline]

15. Questões

Quem?	Kes?	[kes?]
O que?	Mis?	[mis?]
Onde?	Kus?	[kus?]
Para onde?	Kuhu?	[kuhu?]
De onde?	Kust?	[kusʲt?]
Quando?	Millal?	[milʲæl?]
Para quê?	Milleks?	[milʲeks?]
Por quê?	Miks?	[miks?]
Para quê?	Mille jaoks?	[milʲe jaoks?]

Como?	Kuidas?	[kuidas?]
Qual (~ é o problema?)	Missugune?	[missugune?]
Qual (~ deles?)	Mis?	[mis?]

A quem?	Kellele?	[kelʲele?]
De quem?	Kellest?	[kelʲesʲt?]
Do quê?	Millest?	[milʲesʲt?]
Com quem?	Kellega?	[kelʲega?]

Quantos? -as?	Mitu?	[mitu?]
Quanto?	Kui palju?	[kui palju?]
De quem (~ é isto?)	Kelle?	[kelʲe?]

16. Preposições

com (prep.)	koos	[ko:s]
sem (prep.)	ilma	[ilʲma]
a, para (exprime lugar)	sisse	[sisse]
sobre (ex. falar ~)	kohta	[kohta]
antes de ...	enne	[enne]
em frente de ...	ees	[e:s]

debaixo de ...	all	[alʲ]
sobre (em cima de)	kohal	[kohalʲ]
em ..., sobre ...	peal	[pealʲ]
de, do (sou ~ Rio de Janeiro)	seest	[se:sʲt]
de (feito ~ pedra)	millest tehtud	[milʲesʲt tehtut]

| em (~ 3 dias) | pärast | [pærasʲt] |
| por cima de ... | läbi | [lʲæbi] |

17. Palavras funcionais. Advérbios. Parte 1

Onde?	Kus?	[kus?]
aqui	siin	[si:n]
lá, ali	seal	[sealʲ]

| em algum lugar | kuskil | [kuskilʲ] |
| em lugar nenhum | mitte kuskil | [mitte kuskilʲ] |

| perto de ... | juures | [ju:res] |
| perto da janela | akna juures | [akna ju:res] |

Para onde?	Kuhu?	[kuhu?]
aqui	siia	[si:a]
para lá	sinna	[sinna]
daqui	siit	[si:t]
de lá, dali	sealt	[sealʲt]

perto	lähedal	[lʲæhedalʲ]
longe	kaugel	[kaugelʲ]
perto de ...	kõrval	[kɜrʊalʲ]

| à mão, perto | lähedal | [lʲæhedalʲ] |
| não fica longe | lähedale | [lʲæhedale] |

esquerdo (adj)	vasak	[ʋasak]
à esquerda	vasakul	[ʋasakulʲ]
para a esquerda	vasakule	[ʋasakule]

direito (adj)	parem	[parem]
à direita	paremal	[paremalʲ]
para a direita	paremale	[paremale]

em frente	eest	[e:sʲt]
da frente	eesmine	[e:smine]
adiante (para a frente)	edasi	[edasi]

atrás de ...	taga	[taga]
de trás	tagant	[tagant]
para trás	tagasi	[tagasi]

| meio (m), metade (f) | keskkoht | [keskkoht] |
| no meio | keskel | [keskelʲ] |

do lado	kõrvalt	[kɜrʋalʲt]
em todo lugar	igal pool	[igalʲ po:lʲ]
por todos os lados	ümberringi	[ʉmberringi]

de dentro	seest	[se:sʲt]
para algum lugar	kuhugi	[kuhugi]
diretamente	otse	[otse]
de volta	tagasi	[tagasi]

| de algum lugar | kuskilt | [kuskilʲt] |
| de algum lugar | kuskilt | [kuskilʲt] |

em primeiro lugar	esiteks	[esiteks]
em segundo lugar	teiseks	[tejseks]
em terceiro lugar	kolmandaks	[kolʲmandaks]

de repente	äkki	[ækki]
no início	alguses	[alʲguses]
pela primeira vez	esimest korda	[esimesʲt korda]
muito antes de ...	enne ...	[enne ...]
de novo	uuesti	[u:esʲti]
para sempre	päriseks	[pæriseks]

nunca	mitte kunagi	[mitte kunagi]
de novo	jälle	[jælʲe]
agora	nüüd	[nʉ:t]
frequentemente	sageli	[sageli]
então	siis	[si:s]
urgentemente	kiiresti	[ki:resʲti]
normalmente	tavaliselt	[taʋaliselʲt]

a propósito, ...	muuseas, ...	[mu:seas, ...]
é possível	võimalik	[ʋɜimalik]
provavelmente	tõenäoliselt	[tɜenæoliselʲt]

talvez	**võib olla**	[ʋɜib olʲæ]
além disso, …	**peale selle …**	[peale selʲe …]
por isso …	**sellepärast**	[selʲepærasʲt]
apesar de …	**… vaatamata**	[… ʋa:tamata]
graças a …	**tänu …**	[tænu …]

que (pron.)	**mis**	[mis]
que (conj.)	**et**	[et]
algo	**miski**	[miski]
alguma coisa	**miski**	[miski]
nada	**mitte midagi**	[mitte midagi]

quem	**kes**	[kes]
alguém (~ que …)	**keegi**	[ke:gi]
alguém (com ~)	**keegi**	[ke:gi]

ninguém	**mitte keegi**	[mitte ke:gi]
para lugar nenhum	**mitte kuhugi**	[mitte kuhugi]
de ninguém	**ei kellegi oma**	[ej kelʲegi oma]
de alguém	**kellegi oma**	[kelʲegi oma]

tão	**nii**	[ni:]
também (gostaria ~ de …)	**samuti**	[samuti]
também (~ eu)	**ka**	[ka]

18. Palavras funcionais. Advérbios. Parte 2

Por quê?	**Miks?**	[miks?]
por alguma razão	**millegi pärast**	[milʲegi pærasʲt]
porque …	**sest …**	[sesʲt …]
por qualquer razão	**millekski**	[milʲekski]

e (tu ~ eu)	**ja**	[ja]
ou (ser ~ não ser)	**või**	[ʋɜi]
mas (porém)	**kuid**	[kuit]
para (~ a minha mãe)	**jaoks**	[jaoks]

muito, demais	**liiga**	[li:ga]
só, somente	**ainult**	[ainulʲt]
exatamente	**täpselt**	[tæpselʲt]
cerca de (~ 10 kg)	**umbes**	[umbes]

aproximadamente	**ligikaudu**	[ligikaudu]
aproximado (adj)	**ligikaudne**	[ligikaudne]
quase	**peaaegu**	[pea:egu]
resto (m)	**ülejäänud**	[ʉlejæ:nut]

o outro (segundo)	**teine**	[tejne]
outro (adj)	**teiste**	[tejsʲte]
cada (adj)	**iga**	[iga]
qualquer (adj)	**mis tahes**	[mis tahes]
muito, muitos, muitas	**palju**	[palju]
muitas pessoas	**paljud**	[paljut]
todos	**kõik**	[kɜik]

em troca de ...	... vastu	[... ʋasʲtu]
em troca	asemele	[asemele]
à mão	käsitsi	[kæsitsi]
pouco provável	vaevalt	[ʋaeʋalʲt]

provavelmente	vist	[ʋisʲt]
de propósito	meelega	[me:lega]
por acidente	juhuslikult	[juhuslikulʲt]

muito	väga	[ʋæga]
por exemplo	näiteks	[næjteks]
entre	vahel	[ʋahelʲ]
entre (no meio de)	keskel	[keskelʲ]
tanto	niipalju	[ni:palju]
especialmente	eriti	[eriti]

Conceitos básicos. Parte 2

19. Dias da semana

segunda-feira (f)	esmaspäev	[esmaspæəʊ]
terça-feira (f)	teisipäev	[tejsipæəʊ]
quarta-feira (f)	kolmapäev	[kolʲmapæəʊ]
quinta-feira (f)	neljapäev	[neljapæəʊ]
sexta-feira (f)	reede	[re:de]
sábado (m)	laupäev	[laupæəʊ]
domingo (m)	pühapäev	[pʉhapæəʊ]

hoje	täna	[tæna]
amanhã	homme	[homme]
depois de amanhã	ülehomme	[ʉlehomme]
ontem	eile	[ejle]
anteontem	üleeile	[ʉle:jle]

dia (m)	päev	[pæəʊ]
dia (m) de trabalho	tööpäev	[tø:pæəʊ]
feriado (m)	pidupäev	[pidupæəʊ]
dia (m) de folga	puhkepäev	[puhkepæəʊ]
fim (m) de semana	nädalavahetus	[nædalaʊahetus]

o dia todo	terve päev	[terʊe pæəʊ]
no dia seguinte	järgmiseks päevaks	[jærgmiseks pæəʊaks]
há dois dias	kaks päeva tagasi	[kaks pæəʊa tagasi]
na véspera	eile õhtul	[ejle ɜhtulʲ]
diário (adj)	igapäevane	[igapæəʊane]
todos os dias	iga päev	[iga pæəʊ]

semana (f)	nädal	[nædalʲ]
na semana passada	möödunud nädalal	[mø:dunut nædalalʲ]
semana que vem	järgmisel nädalal	[jærgmiselʲ nædalalʲ]
semanal (adj)	iganädalane	[iganædalane]
toda semana	igal nädalal	[igalʲ nædalalʲ]
duas vezes por semana	kaks korda nädalas	[kaks korda nædalas]
toda terça-feira	igal teisipäeval	[igalʲ tejsipæəʊalʲ]

20. Horas. Dia e noite

manhã (f)	hommik	[hommik]
de manhã	hommikul	[hommikulʲ]
meio-dia (m)	keskpäev	[keskpæəʊ]
à tarde	pärast lõunat	[pærasʲt lɜunat]

tardinha (f)	õhtu	[ɜhtu]
à tardinha	õhtul	[ɜhtulʲ]

noite (f)	öö	[ø:]
à noite	öösel	[ø:selʲ]
meia-noite (f)	kesköö	[keskø:]

segundo (m)	sekund	[sekunt]
minuto (m)	minut	[minut]
hora (f)	tund	[tunt]
meia hora (f)	pool tundi	[po:lʲ tundi]
quarto (m) de hora	veerand tundi	[ʋe:rant tundi]
quinze minutos	viisteist minutit	[ʋi:sʲtejsʲt minutit]
vinte e quatro horas	ööpäev	[ø:pæɐʋ]

nascer (m) do sol	päikesetõus	[pæjkesetɜus]
amanhecer (m)	koit	[kojt]
madrugada (f)	varahommik	[ʋarahommik]
pôr-do-sol (m)	loojang	[lo:jang]

de madrugada	hommikul vara	[hommikulʲ ʋara]
esta manhã	täna hommikul	[tæna hommikulʲ]
amanhã de manhã	homme hommikul	[homme hommikulʲ]

esta tarde	täna päeval	[tæna pæɐʋalʲ]
à tarde	pärast lõunat	[pærasʲt lɜunat]
amanhã à tarde	homme pärast lõunat	[homme pærasʲt lɜunat]

esta noite, hoje à noite	täna õhtul	[tæna ɜhtulʲ]
amanhã à noite	homme õhtul	[homme ɜhtulʲ]

às três horas em ponto	täpselt kell kolm	[tæpselʲt kelʲ kolʲm]
por volta das quatro	umbes kell neli	[umbes kelʲ neli]
às doze	kella kaheteistkümneks	[kelʲæ kahetejsʲtkumneks]

em vinte minutos	kahekümne minuti pärast	[kahekumne minuti pærasʲt]
em uma hora	tunni aja pärast	[tunni aja pærasʲt]
a tempo	õigeks ajaks	[ɜigeks ajaks]

... um quarto para	kolmveerand	[kolʲmʋe:rant]
dentro de uma hora	tunni aja jooksul	[tunni aja jo:ksulʲ]
a cada quinze minutos	iga viieteist minuti tagant	[iga ʋi:etejsʲt minuti tagant]
as vinte e quatro horas	terve ööpäev	[terʋe ø:pæɐʋ]

21. Meses. Estações

janeiro (m)	jaanuar	[ja:nuar]
fevereiro (m)	veebruar	[ʋe:bruar]
março (m)	märts	[mærts]
abril (m)	aprill	[aprilʲ]
maio (m)	mai	[mai]
junho (m)	juuni	[ju:ni]

julho (m)	juuli	[ju:li]
agosto (m)	august	[augusʲt]
setembro (m)	september	[september]
outubro (m)	oktoober	[okto:ber]

| novembro (m) | november | [nouember] |
| dezembro (m) | detsember | [detsember] |

primavera (f)	kevad	[keuat]
na primavera	kevadel	[keuadelʲ]
primaveril (adj)	kevadine	[keuadine]

verão (m)	suvi	[suui]
no verão	suvel	[suuelʲ]
de verão	suvine	[suuine]

outono (m)	sügis	[sʉgis]
no outono	sügisel	[sʉgiselʲ]
outonal (adj)	sügisene	[sʉgisene]

inverno (m)	talv	[talʲu]
no inverno	talvel	[talʲuelʲ]
de inverno	talvine	[talʲuine]

mês (m)	kuu	[ku:]
este mês	selles kuus	[selʲes ku:s]
mês que vem	järgmises kuus	[jærgmises ku:s]
no mês passado	möödunud kuus	[mø:dunut ku:s]

um mês atrás	kuu aega tagasi	[ku: aega tagasi]
em um mês	kuu aja pärast	[ku: aja pærasʲt]
em dois meses	kahe kuu pärast	[kahe ku: pærasʲt]
todo o mês	terve kuu	[terue ku:]
um mês inteiro	terve kuu	[terue ku:]

mensal (adj)	igakuine	[igakuine]
mensalmente	igas kuus	[igas ku:s]
todo mês	iga kuu	[iga ku:]
duas vezes por mês	kaks korda kuus	[kaks korda ku:s]

ano (m)	aasta	[a:sʲta]
este ano	sel aastal	[selʲ a:sʲtalʲ]
ano que vem	järgmisel aastal	[jærgmiselʲ a:sʲtalʲ]
no ano passado	möödunud aastal	[mø:dunut a:sʲtalʲ]

há um ano	aasta tagasi	[a:sʲta tagasi]
em um ano	aasta pärast	[a:sʲta pærasʲt]
dentro de dois anos	kahe aasta pärast	[kahe a:sʲta pærasʲt]
todo o ano	kogu aasta	[kogu a:sʲta]
um ano inteiro	terve aasta	[terue a:sʲta]

cada ano	igal aastal	[igalʲ a:sʲtalʲ]
anual (adj)	iga-aastane	[iga-a:sʲtane]
anualmente	igal aastal	[igalʲ a:sʲtalʲ]
quatro vezes por ano	neli korda aastas	[neli korda a:sʲtas]

data (~ de hoje)	kuupäev	[ku:pææu]
data (ex. ~ de nascimento)	kuupäev	[ku:pææu]
calendário (m)	kalender	[kalender]
meio ano	pool aastat	[po:lʲ a:sʲtat]
seis meses	poolaasta	[po:la:sʲta]

| estação (f) | hooaeg | [ho:aeg] |
| século (m) | sajand | [sajant] |

22. Unidades de medida

peso (m)	kaal	[ka:lʲ]
comprimento (m)	pikkus	[pikkus]
largura (f)	laius	[laius]
altura (f)	kõrgus	[kɜrgus]
profundidade (f)	sügavus	[sʉgaʋus]
volume (m)	maht	[maht]
área (f)	pindala	[pindala]

grama (m)	gramm	[gramm]
miligrama (m)	milligramm	[milʲigramm]
quilograma (m)	kilogramm	[kilogramm]
tonelada (f)	tonn	[tonn]
libra (453,6 gramas)	nael	[naelʲ]
onça (f)	unts	[unts]

metro (m)	meeter	[me:ter]
milímetro (m)	millimeeter	[milʲime:ter]
centímetro (m)	sentimeeter	[sentime:ter]
quilômetro (m)	kilomeeter	[kilome:ter]
milha (f)	miil	[mi:lʲ]

polegada (f)	toll	[tolʲ]
pé (304,74 mm)	jalg	[jalʲg]
jarda (914,383 mm)	jard	[jart]

| metro (m) quadrado | ruutmeeter | [ru:tme:ter] |
| hectare (m) | hektar | [hektar] |

litro (m)	liiter	[li:ter]
grau (m)	kraad	[kra:t]
volt (m)	volt	[ʋolʲt]
ampère (m)	amper	[amper]
cavalo (m) de potência	hobujõud	[hobujɜut]

quantidade (f)	hulk	[hulʲk]
um pouco de ...	veidi ...	[ʋejdi ...]
metade (f)	pool	[po:lʲ]

| dúzia (f) | tosin | [tosin] |
| peça (f) | tükk | [tʉkk] |

| tamanho (m), dimensão (f) | suurus | [su:rus] |
| escala (f) | mastaap | [masʲta:p] |

mínimo (adj)	minimaalne	[minima:lʲne]
menor, mais pequeno	kõige väiksem	[kɜige ʋæjksem]
médio (adj)	keskmine	[keskmine]
máximo (adj)	maksimaalne	[maksima:lʲne]
maior, mais grande	kõige suurem	[kɜige su:rem]

23. Recipientes

pote (m) de vidro	**klaaspurk**	[kla:spurk]
lata (~ de cerveja)	**plekkpurk**	[plekkpurk]
balde (m)	**ämber**	[æmber]
barril (m)	**tünn**	[tʉnn]
bacia (~ de plástico)	**pesukauss**	[pesukauss]
tanque (m)	**paak**	[pa:k]
cantil (m) de bolso	**plasku**	[plasku]
galão (m) de gasolina	**kanister**	[kanisʲter]
cisterna (f)	**tsistern**	[tsisʲtern]
caneca (f)	**kruus**	[kru:s]
xícara (f)	**tass**	[tass]
pires (m)	**alustass**	[alusʲtass]
copo (m)	**klaas**	[kla:s]
taça (f) de vinho	**veiniklaas**	[ʋejnikla:s]
panela (f)	**pott**	[pott]
garrafa (f)	**pudel**	[pudelʲ]
gargalo (m)	**pudelikael**	[pudelikaelʲ]
jarra (f)	**karahvin**	[karahʋin]
jarro (m)	**kann**	[kann]
recipiente (m)	**nõu**	[nɜu]
pote (m)	**pott**	[pott]
vaso (m)	**vaas**	[ʋa:s]
frasco (~ de perfume)	**pudel**	[pudelʲ]
frasquinho (m)	**rohupudel**	[rohupudelʲ]
tubo (m)	**tuub**	[tu:b]
saco (ex. ~ de açúcar)	**kott**	[kott]
sacola (~ plastica)	**kilekott**	[kilekott]
maço (de cigarros, etc.)	**pakk**	[pakk]
caixa (~ de sapatos, etc.)	**karp**	[karp]
caixote (~ de madeira)	**kast**	[kasʲt]
cesto (m)	**korv**	[korʋ]

O SER HUMANO

O ser humano. O corpo

24. Cabeça

cabeça (f)	pea	[pea]
rosto, cara (f)	nägu	[nægu]
nariz (m)	nina	[nina]
boca (f)	suu	[su:]
olho (m)	silm	[silʲm]
olhos (m pl)	silmad	[silʲmat]
pupila (f)	silmatera	[silʲmatera]
sobrancelha (f)	kulm	[kulʲm]
cílio (f)	ripse	[ripse]
pálpebra (f)	silmalaug	[silʲmalaug]
língua (f)	keel	[ke:lʲ]
dente (m)	hammas	[hammas]
lábios (m pl)	huuled	[hu:let]
maçãs (f pl) do rosto	põsesarnad	[pɜsesarnat]
gengiva (f)	ige	[ige]
palato (m)	suulagi	[su:lagi]
narinas (f pl)	sõõrmed	[sɜ:rmet]
queixo (m)	lõug	[lɜug]
mandíbula (f)	lõualuu	[lɜualu:]
bochecha (f)	põsk	[pɜsk]
testa (f)	laup	[laup]
têmpora (f)	meelekoht	[me:lekoht]
orelha (f)	kõrv	[kɜrʊ]
costas (f pl) da cabeça	kukal	[kukalʲ]
pescoço (m)	kael	[kaelʲ]
garganta (f)	kõri	[kɜri]
cabelo (m)	juuksed	[ju:kset]
penteado (m)	soeng	[soeng]
corte (m) de cabelo	juukselõikus	[ju:kselɜikus]
peruca (f)	parukas	[parukas]
bigode (m)	vuntsid	[ʊuntsit]
barba (f)	habe	[habe]
ter (~ barba, etc.)	kandma	[kandma]
trança (f)	pats	[pats]
suíças (f pl)	bakenbardid	[bakenbardit]
ruivo (adj)	punapea	[punapea]
grisalho (adj)	hall	[halʲ]

| careca (adj) | kiilas | [ki:las] |
| calva (f) | kiilaspea | [ki:laspea] |

| rabo-de-cavalo (m) | hobusesaba | [hobusesaba] |
| franja (f) | tukk | [tukk] |

25. Corpo humano

| mão (f) | käelaba | [kæelaba] |
| braço (m) | käsi | [kæsi] |

dedo (m)	sõrm	[sɜrm]
dedo (m) do pé	varvas	[ʋarʋas]
polegar (m)	pöial	[pøialʲ]
dedo (m) mindinho	väike sõrm	[ʋæjke sɜrm]
unha (f)	küüs	[kʉ:s]

punho (m)	rusikas	[rusikas]
palma (f)	peopesa	[peopesa]
pulso (m)	ranne	[ranne]
antebraço (m)	küünarvars	[kʉ:narʋars]
cotovelo (m)	küünarnukk	[kʉ:narnukk]
ombro (m)	õlg	[ɜlʲg]

perna (f)	säär	[sæ:r]
pé (m)	jalalaba	[jalalaba]
joelho (m)	põlv	[pɜlʲʋ]
panturrilha (f)	sääremari	[sæ:remari]
quadril (m)	puus	[pu:s]
calcanhar (m)	kand	[kant]

corpo (m)	keha	[keha]
barriga (f), ventre (m)	kõht	[kɜht]
peito (m)	rind	[rint]
seio (m)	rind	[rint]
lado (m)	külg	[kʉlʲg]
costas (dorso)	selg	[selʲg]
região (f) lombar	ristluud	[risʲtlu:t]
cintura (f)	talje	[talje]

umbigo (m)	naba	[naba]
nádegas (f pl)	tuharad	[tuharat]
traseiro (m)	tagumik	[tagumik]

sinal (m), pinta (f)	sünnimärk	[sʉnnimærk]
sinal (m) de nascença	sünnimärk	[sʉnnimærk]
tatuagem (f)	tätoveering	[tætoʋe:ring]
cicatriz (f)	arm	[arm]

Vestuário & Acessórios

26. Roupa exterior. Casacos

roupa (f)	riided	[ri:det]
roupa (f) exterior	üleriided	[ʉleri:det]
roupa (f) de inverno	talveriided	[talʲʋeri:det]
sobretudo (m)	mantel	[mantelʲ]
casaco (m) de pele	kasukas	[kasukas]
jaqueta (f) de pele	poolkasukas	[po:lʲkasukas]
casaco (m) acolchoado	sulejope	[sulejope]
casaco (m), jaqueta (f)	jope	[jope]
impermeável (m)	vihmamantel	[ʋihmamantelʲ]
a prova d'água	veekindel	[ʋe:kindelʲ]

27. Vestuário de homem & mulher

camisa (f)	särk	[særk]
calça (f)	püksid	[pʉksit]
jeans (m)	teksapüksid	[teksapʉksit]
paletó, terno (m)	pintsak	[pintsak]
terno (m)	ülikond	[ʉlikont]
vestido (ex. ~ de noiva)	kleit	[klejt]
saia (f)	seelik	[se:lik]
blusa (f)	pluus	[plu:s]
casaco (m) de malha	villane jakk	[ʋilʲæne jakk]
casaco, blazer (m)	pluus	[plu:s]
camiseta (f)	T-särk	[t-særk]
short (m)	põlvpüksid	[pɜlʲʋpʉksit]
training (m)	dress	[dress]
roupão (m) de banho	hommikumantel	[hommikumantelʲ]
pijama (m)	pidžaama	[piʤa:ma]
suéter (m)	sviiter	[sʋi:ter]
pulôver (m)	pullover	[pulʲoʋer]
colete (m)	vest	[ʋesʲt]
fraque (m)	frakk	[frakk]
smoking (m)	smoking	[smoking]
uniforme (m)	vormiriietus	[ʋormiri:etus]
roupa (f) de trabalho	tööriietus	[tø:ri:etus]
macacão (m)	kombinesoon	[kombineso:n]
jaleco (m), bata (f)	kittel	[kittelʲ]

28. Vestuário. Roupa interior

roupa (f) íntima	**pesu**	[pesu]
cueca boxer (f)	**trussikud**	[trussikut]
calcinha (f)	**trussikud**	[trussikut]
camiseta (f)	**alussärk**	[alussærk]
meias (f pl)	**sokid**	[sokit]
camisola (f)	**öösärk**	[ø:særk]
sutiã (m)	**rinnahoidja**	[rinnahojdja]
meias longas (f pl)	**põlvikud**	[pɜlʲʋikut]
meias-calças (f pl)	**sukkpüksid**	[sukkpʉksit]
meias (~ de nylon)	**sukad**	[sukat]
maiô (m)	**trikoo**	[triko:]

29. Adereços de cabeça

chapéu (m), touca (f)	**müts**	[mʉts]
chapéu (m) de feltro	**kaabu**	[ka:bu]
boné (m) de beisebol	**pesapallimüts**	[pesapalʲimʉts]
boina (~ italiana)	**soni**	[soni]
boina (ex. ~ basca)	**barett**	[barett]
capuz (m)	**kapuuts**	[kapu:ts]
chapéu panamá (m)	**panama**	[panama]
touca (f)	**kootud müts**	[ko:tut mʉts]
lenço (m)	**rätik**	[rætik]
chapéu (m) feminino	**kübar**	[kʉbar]
capacete (m) de proteção	**kiiver**	[ki:ʋer]
bibico (m)	**pilotka**	[pilotka]
capacete (m)	**lendurimüts**	[lendurimʉts]
chapéu-coco (m)	**kübar**	[kʉbar]
cartola (f)	**silinder**	[silinder]

30. Calçado

calçado (m)	**jalatsid**	[jalatsit]
botinas (f pl), sapatos (m pl)	**poolsaapad**	[po:lʲsa:pat]
sapatos (de salto alto, etc.)	**kingad**	[kingat]
botas (f pl)	**saapad**	[sa:pat]
pantufas (f pl)	**sussid**	[sussit]
tênis (~ Nike, etc.)	**tossud**	[tossut]
tênis (~ Converse)	**ketsid**	[ketsit]
sandálias (f pl)	**sandaalid**	[sanda:lit]
sapateiro (m)	**kingsepp**	[kingsepp]
salto (m)	**konts**	[konts]

par (m)	paar	[pa:r]
cadarço (m)	kingapael	[kingapaelʲ]
amarrar os cadarços	kingapaelu siduma	[kingapaelu siduma]
calçadeira (f)	kingalusikas	[kingalusikas]
graxa (f) para calçado	kingakreem	[kingakre:m]

31. Acessórios pessoais

luva (f)	sõrmkindad	[sɜrmkindat]
mitenes (f pl)	labakindad	[labakindat]
cachecol (m)	sall	[salʲ]

óculos (m pl)	prillid	[prilʲit]
armação (f)	prilliraamid	[prilʲira:mit]
guarda-chuva (m)	vihmavari	[ʋihmaʋari]
bengala (f)	jalutuskepp	[jalutuskepp]
escova (f) para o cabelo	juuksehari	[ju:ksehari]
leque (m)	lehvik	[lehʋik]

gravata (f)	lips	[lips]
gravata-borboleta (f)	kikilips	[kikilips]
suspensórios (m pl)	traksid	[traksit]
lenço (m)	taskurätik	[taskurætik]

pente (m)	kamm	[kamm]
fivela (f) para cabelo	juukseklamber	[ju:kseklamber]
grampo (m)	juuksenõel	[ju:ksenƷelʲ]
fivela (f)	pannal	[pannalʲ]

cinto (m)	vöö	[ʋø:]
alça (f) de ombro	rihm	[rihm]

bolsa (f)	kott	[kott]
bolsa (feminina)	käekott	[kæəkott]
mochila (f)	seljakott	[seljakott]

32. Vestuário. Diversos

moda (f)	mood	[mo:t]
na moda (adj)	moodne	[mo:dne]
estilista (m)	moekunstnik	[moekunsʲtnik]

colarinho (m)	krae	[krae]
bolso (m)	tasku	[tasku]
de bolso	tasku-	[tasku-]
manga (f)	varrukas	[ʋarrukas]
ganchinho (m)	tripp	[tripp]
bragueta (f)	püksiauk	[pʉksiauk]

zíper (m)	tõmblukk	[tɜmblukk]
colchete (m)	kinnis	[kinnis]
botão (m)	nööp	[nø:p]

| botoeira (casa de botão) | nööpauk | [nø:pauk] |
| soltar-se (vr) | eest ära tulema | [e:sʲt æra tulema] |

costurar (vi)	õmblema	[ɜmblema]
bordar (vt)	tikkima	[tikkima]
bordado (m)	tikkimine	[tikkimine]
agulha (f)	nõel	[nɜelʲ]
fio, linha (f)	niit	[ni:t]
costura (f)	õmblus	[ɜmblus]

sujar-se (vr)	ära määrima	[æra mæ:rima]
mancha (f)	plekk	[plekk]
amarrotar-se (vr)	kortsu minema	[kortsu minema]
rasgar (vt)	katki minema	[katki minema]
traça (f)	koi	[koj]

33. Cuidados pessoais. Cosméticos

pasta (f) de dente	hambapasta	[hambapasʲta]
escova (f) de dente	hambahari	[hambahari]
escovar os dentes	hambaid pesema	[hambait pesema]

gilete (f)	pardel	[pardelʲ]
creme (m) de barbear	habemeajamiskreem	[habemeajamiskre:m]
barbear-se (vr)	habet ajama	[habet ajama]

| sabonete (m) | seep | [se:p] |
| xampu (m) | šampoon | [ʃampo:n] |

tesoura (f)	käärid	[kæ:rit]
lixa (f) de unhas	küüneviil	[kʉ:neʋi:lʲ]
corta-unhas (m)	küünekäärid	[kʉ:nekæ:rit]
pinça (f)	pintsett	[pintsett]

cosméticos (m pl)	kosmeetika	[kosme:tika]
máscara (f)	mask	[mask]
manicure (f)	maniküür	[manikʉ:r]
fazer as unhas	maniküüri tegema	[manikʉ:ri tegema]
pedicure (f)	pediküür	[pedikʉ:r]

bolsa (f) de maquiagem	kosmeetikakott	[kosme:tikakott]
pó (de arroz)	puuder	[pu:der]
pó (m) compacto	puudritoos	[pu:drito:s]
blush (m)	põsepuna	[pɜsepuna]

perfume (m)	lõhnaõli	[lɜhnaɜli]
água-de-colônia (f)	tualettvesi	[tualettʋesi]
loção (f)	näovesi	[næoʋesi]
colônia (f)	odekolonn	[odekolonn]

sombra (f) de olhos	lauvärv	[lauʋærʋ]
delineador (m)	silmapliiats	[silʲmapli:ats]
máscara (f), rímel (m)	ripsmetušš	[ripsmetuʃʃ]
batom (m)	huulepulk	[hu:lepulʲk]

esmalte (m)	küünelakk	[ku:nelakk]
laquê (m), spray fixador (m)	juukselakk	[ju:kselakk]
desodorante (m)	desodorant	[desodorant]

creme (m)	kreem	[kre:m]
creme (m) de rosto	näokreem	[næokre:m]
creme (m) de mãos	kätekreem	[kætekre:m]
creme (m) antirrugas	kortsudevastane kreem	[kortsudeuasⁱtane kre:m]
creme (m) de dia	päevakreem	[pææuakre:m]
creme (m) de noite	öökreem	[ø:kre:m]
de dia	päeva-	[pææua-]
da noite	öö-	[ø:-]

absorvente (m) interno	tampoon	[tampo:n]
papel (m) higiênico	tualettpaber	[tualettpaber]
secador (m) de cabelo	föön	[fø:n]

34. Relógios de pulso. Relógios

relógio (m) de pulso	käekell	[kæəkelʲ]
mostrador (m)	sihverplaat	[sihuerpla:t]
ponteiro (m)	osuti	[osuti]
bracelete (em aço)	kellarihm	[kelʲærihm]
bracelete (em couro)	kellarihm	[kelʲærihm]

pilha (f)	patarei	[patarej]
acabar (vi)	tühjaks saama	[tuhjaks sa:ma]
trocar a pilha	patareid vahetama	[patarejt uahetama]
estar adiantado	ette käima	[ette kæjma]
estar atrasado	taha jääma	[taha jæ:ma]

relógio (m) de parede	seinakell	[sejnakelʲ]
ampulheta (f)	liivakell	[li:uakelʲ]
relógio (m) de sol	päiksekell	[pæjksekelʲ]
despertador (m)	äratuskell	[æratuskelʲ]
relojoeiro (m)	kellassepp	[kelʲæssepp]
reparar (vt)	parandama	[parandama]

Alimentação. Nutrição

35. Comida

carne (f)	liha	[liha]
galinha (f)	kana	[kana]
frango (m)	kanapoeg	[kanapoeg]
pato (m)	part	[part]
ganso (m)	hani	[hani]
caça (f)	metslinnud	[metslinnut]
peru (m)	kalkun	[kalʲkun]

carne (f) de porco	sealiha	[sealiha]
carne (f) de vitela	vasikaliha	[ʋasikaliha]
carne (f) de carneiro	lambaliha	[lambaliha]
carne (f) de vaca	loomaliha	[lo:maliha]
carne (f) de coelho	küülik	[ku:lik]

linguiça (f), salsichão (m)	vorst	[ʋorsʲt]
salsicha (f)	viiner	[ʋi:ner]
bacon (m)	peekon	[pe:kon]
presunto (m)	sink	[sink]
pernil (m) de porco	sink	[sink]

patê (m)	pasteet	[pasʲte:t]
fígado (m)	maks	[maks]
guisado (m)	hakkliha	[hakkliha]
língua (f)	keel	[ke:lʲ]

ovo (m)	muna	[muna]
ovos (m pl)	munad	[munat]
clara (f) de ovo	munavalge	[munaʋalʲge]
gema (f) de ovo	munakollane	[munakolʲæne]

peixe (m)	kala	[kala]
mariscos (m pl)	mereannid	[mereannit]
crustáceos (m pl)	koorikloomad	[ko:riklo:mat]
caviar (m)	kalamari	[kalamari]

caranguejo (m)	krabi	[krabi]
camarão (m)	krevett	[kreʋett]
ostra (f)	auster	[ausʲter]
lagosta (f)	langust	[langusʲt]
polvo (m)	kaheksajalg	[kaheksajalʲg]
lula (f)	kalmaar	[kalʲma:r]

esturjão (m)	tuurakala	[tu:rakala]
salmão (m)	lõhe	[lɜhe]
halibute (m)	paltus	[palʲtus]
bacalhau (m)	tursk	[tursk]

cavala, sarda (f)	skumbria	[skumbria]
atum (m)	tuunikala	[tu:nikala]
enguia (f)	angerjas	[angerjas]
truta (f)	forell	[forelʲ]
sardinha (f)	sardiin	[sardi:n]
lúcio (m)	haug	[haug]
arenque (m)	heeringas	[he:ringas]
pão (m)	leib	[lejb]
queijo (m)	juust	[ju:sʲt]
açúcar (m)	suhkur	[suhkur]
sal (m)	sool	[so:lʲ]
arroz (m)	riis	[ri:s]
massas (f pl)	makaronid	[makaronit]
talharim, miojo (m)	lintnuudlid	[lintnu:tlit]
manteiga (f)	või	[ʋɜi]
óleo (m) vegetal	taimeõli	[taimeɜli]
óleo (m) de girassol	päevalilleõli	[pæeʋalilʲeɜli]
margarina (f)	margariin	[margari:n]
azeitonas (f pl)	oliivid	[oli:ʋit]
azeite (m)	oliivõli	[oli:ʋɜli]
leite (m)	piim	[pi:m]
leite (m) condensado	kondenspiim	[kondenspi:m]
iogurte (m)	jogurt	[jogurt]
creme (m) azedo	hapukoor	[hapuko:r]
creme (m) de leite	koor	[ko:r]
maionese (f)	majonees	[majone:s]
creme (m)	kreem	[kre:m]
grãos (m pl) de cereais	tangud	[tangut]
farinha (f)	jahu	[jahu]
enlatados (m pl)	konservid	[konserʋit]
flocos (m pl) de milho	maisihelbed	[maisihelʲbet]
mel (m)	mesi	[mesi]
geleia (m)	džemm	[dʒemm]
chiclete (m)	närimiskumm	[nærimiskumm]

36. Bebidas

água (f)	vesi	[ʋesi]
água (f) potável	joogivesi	[jo:giʋesi]
água (f) mineral	mineraalvesi	[minera:lʲʋesi]
sem gás (adj)	gaasita	[ga:sita]
gaseificada (adj)	gaseeritud	[gase:ritut]
com gás	gaasiga	[ga:siga]
gelo (m)	jää	[jæ:]

com gelo	jääga	[jæ:ga]
não alcoólico (adj)	alkoholivaba	[alʲkoholiʋaba]
refrigerante (m)	alkoholivaba jook	[alʲkoholiʋaba jo:k]
refresco (m)	karastusjook	[karasʲtusjo:k]
limonada (f)	limonaad	[limona:t]

bebidas (f pl) alcoólicas	alkoholsed joogid	[alʲkoho:lʲset jo:git]
vinho (m)	vein	[ʋejn]
vinho (m) branco	valge vein	[ʋalʲge ʋejn]
vinho (m) tinto	punane vein	[punane ʋejn]

licor (m)	liköör	[likø:r]
champanhe (m)	šampus	[ʃampus]
vermute (m)	vermut	[ʋermut]

uísque (m)	viski	[ʋiski]
vodca (f)	viin	[ʋi:n]
gim (m)	džinn	[dʒinn]
conhaque (m)	konjak	[konjak]
rum (m)	rumm	[rumm]

café (m)	kohv	[kohʋ]
café (m) preto	must kohv	[musʲt kohʋ]
café (m) com leite	piimaga kohv	[pi:maga kohʋ]
cappuccino (m)	koorega kohv	[ko:rega kohʋ]
café (m) solúvel	lahustuv kohv	[lahusʲtuʋ kohʋ]

leite (m)	piim	[pi:m]
coquetel (m)	kokteil	[koktejlʲ]
batida (f), milkshake (m)	piimakokteil	[pi:makoktejlʲ]

suco (m)	mahl	[mahlʲ]
suco (m) de tomate	tomatimahl	[tomatimahlʲ]
suco (m) de laranja	apelsinimahl	[apelʲsinimahlʲ]
suco (m) fresco	värskelt pressitud mahl	[ʋærskelʲt pressitut mahlʲ]

cerveja (f)	õlu	[ɜlu]
cerveja (f) clara	hele õlu	[hele ɜlu]
cerveja (f) preta	tume õlu	[tume ɜlu]

chá (m)	tee	[te:]
chá (m) preto	must tee	[musʲt te:]
chá (m) verde	roheline tee	[roheline te:]

37. Vegetais

vegetais (m pl)	juurviljad	[ju:rʋiljat]
verdura (f)	maitseroheline	[maitseroheline]

tomate (m)	tomat	[tomat]
pepino (m)	kurk	[kurk]
cenoura (f)	porgand	[porgant]
batata (f)	kartul	[kartulʲ]
cebola (f)	sibul	[sibulʲ]

alho (m)	küüslauk	[kʉ:slauk]
couve (f)	kapsas	[kapsas]
couve-flor (f)	lillkapsas	[lilʲkapsas]
couve-de-bruxelas (f)	brüsseli kapsas	[brʉsseli kapsas]
brócolis (m pl)	brokkoli	[brokkoli]

beterraba (f)	peet	[pe:t]
berinjela (f)	baklažaan	[baklaʒa:n]
abobrinha (f)	suvikõrvits	[suʋikɜrʋits]
abóbora (f)	kõrvits	[kɜrʋits]
nabo (m)	naeris	[naeris]

salsa (f)	petersell	[peterselʲ]
endro, aneto (m)	till	[tilʲ]
alface (f)	salat	[salat]
aipo (m)	seller	[selʲer]
aspargo (m)	aspar	[aspar]
espinafre (m)	spinat	[spinat]

ervilha (f)	hernes	[hernes]
feijão (~ soja, etc.)	oad	[oat]
milho (m)	mais	[mais]
feijão (m) roxo	aedoad	[aedoat]

pimentão (m)	pipar	[pipar]
rabanete (m)	redis	[redis]
alcachofra (f)	artišokk	[artiʃokk]

38. Frutos. Nozes

fruta (f)	puuvili	[pu:ʋili]
maçã (f)	õun	[ɜun]
pera (f)	pirn	[pirn]
limão (m)	sidrun	[sidrun]
laranja (f)	apelsin	[apelʲsin]
morango (m)	aedmaasikas	[aedma:sikas]

tangerina (f)	mandariin	[mandari:n]
ameixa (f)	ploom	[plo:m]
pêssego (m)	virsik	[ʋirsik]
damasco (m)	aprikoos	[apriko:s]
framboesa (f)	vaarikas	[ʋa:rikas]
abacaxi (m)	ananass	[ananass]

banana (f)	banaan	[bana:n]
melancia (f)	arbuus	[arbu:s]
uva (f)	viinamarjad	[ʋi:namarjat]
ginja (f)	kirss	[kirss]
cereja (f)	murel	[murelʲ]
melão (m)	melon	[melon]

toranja (f)	greip	[grejp]
abacate (m)	avokaado	[aʋoka:do]
mamão (m)	papaia	[papaia]

manga (f)	mango	[mango]
romã (f)	granaatõun	[grana:tʒun]

groselha (f) vermelha	punane sõstar	[punane sɜsʲtar]
groselha (f) negra	must sõstar	[musʲt sɜsʲtar]
groselha (f) espinhosa	karusmari	[karusmari]
mirtilo (m)	mustikas	[musʲtikas]
amora (f) silvestre	põldmari	[pɜlʲdmari]

passa (f)	rosinad	[rosinat]
figo (m)	ingver	[ingʋer]
tâmara (f)	dattel	[dattelʲ]

amendoim (m)	maapähkel	[ma:pæhkelʲ]
amêndoa (f)	mandlipähkel	[mantlipæhkelʲ]
noz (f)	kreeka pähkel	[kre:ka pæhkelʲ]
avelã (f)	sarapuupähkel	[sarapu:pæhkelʲ]
coco (m)	kookospähkel	[ko:kospæhkelʲ]
pistaches (m pl)	pistaatsiapähkel	[pisʲta:tsiapæhkelʲ]

39. Pão. Bolaria

pastelaria (f)	kondiitritooted	[kondi:trito:tet]
pão (m)	leib	[lejb]
biscoito (m), bolacha (f)	küpsis	[kʉpsis]

chocolate (m)	šokolaad	[ʃokola:t]
de chocolate	šokolaadi-	[ʃokola:di-]
bala (f)	komm	[komm]
doce (bolo pequeno)	kook	[ko:k]
bolo (m) de aniversário	tort	[tort]

torta (f)	pirukas	[pirukas]
recheio (m)	täidis	[tæjdis]

geleia (m)	moos	[mo:s]
marmelada (f)	marmelaad	[marmela:t]
wafers (m pl)	vahvlid	[ʋahʋlit]
sorvete (m)	jäätis	[jæ:tis]

40. Pratos cozinhados

prato (m)	roog	[ro:g]
cozinha (~ portuguesa)	köök	[kø:k]
receita (f)	retsept	[retsept]
porção (f)	portsjon	[portsjon]

salada (f)	salat	[salat]
sopa (f)	supp	[supp]

caldo (m)	puljong	[puljong]
sanduíche (m)	võileib	[ʋʒjlejb]

ovos (m pl) fritos	munaroog	[munaro:g]
hambúrguer (m)	hamburger	[hamburger]
bife (m)	biifsteek	[bi:fsite:k]

acompanhamento (m)	lisand	[lisant]
espaguete (m)	spagetid	[spagetit]
purê (m) de batata	kartulipüree	[kartulipʉre:]
pizza (f)	pitsa	[pitsa]
mingau (m)	puder	[puder]
omelete (f)	omlett	[omlett]

fervido (adj)	keedetud	[ke:detut]
defumado (adj)	suitsutatud	[suitsutatut]
frito (adj)	praetud	[praetut]
seco (adj)	kuivatatud	[kuiʋatatut]
congelado (adj)	külmutatud	[kʉlʲmutatut]
em conserva (adj)	marineeritud	[marine:ritut]

doce (adj)	magus	[magus]
salgado (adj)	soolane	[so:lane]
frio (adj)	külm	[kʉlʲm]
quente (adj)	kuum	[ku:m]
amargo (adj)	mõru	[mɜru]
gostoso (adj)	maitsev	[maitseʋ]

cozinhar em água fervente	keetma	[ke:tma]
preparar (vt)	süüa tegema	[sʉ:a tegema]
fritar (vt)	praadima	[pra:dima]
aquecer (vt)	soojendama	[so:jendama]

salgar (vt)	soolama	[so:lama]
apimentar (vt)	pipardama	[pipardama]
ralar (vt)	riivima	[ri:ʋima]
casca (f)	koor	[ko:r]
descascar (vt)	koorima	[ko:rima]

41. Especiarias

sal (m)	sool	[so:lʲ]
salgado (adj)	soolane	[so:lane]
salgar (vt)	soolama	[so:lama]

pimenta-do-reino (f)	must pipar	[musit pipar]
pimenta (f) vermelha	punane pipar	[punane pipar]
mostarda (f)	sinep	[sinep]
raiz-forte (f)	mädarõigas	[mædarɜigas]

condimento (m)	maitseaine	[maitseaine]
especiaria (f)	vürts	[ʋʉrts]
molho (~ inglês)	kaste	[kasite]
vinagre (m)	äädikas	[æ:dikas]

| anis estrelado (m) | aniis | [ani:s] |
| manjericão (m) | basiilik | [basi:lik] |

cravo (m)	nelk	[nelʲk]
gengibre (m)	ingver	[ingʋer]
coentro (m)	koriander	[koriander]
canela (f)	kaneel	[kane:lʲ]

gergelim (m)	seesamiseemned	[se:samise:mnet]
folha (f) de louro	loorber	[lo:rber]
páprica (f)	paprika	[paprika]
cominho (m)	köömned	[kø:mnet]
açafrão (m)	safran	[safran]

42. Refeições

| comida (f) | söök | [sø:k] |
| comer (vt) | sööma | [sø:ma] |

café (m) da manhã	hommikusöök	[hommikusø:k]
tomar café da manhã	hommikust sööma	[hommikusʲt sø:ma]
almoço (m)	lõuna	[lɜuna]
almoçar (vi)	lõunat sööma	[lɜunat sø:ma]
jantar (m)	õhtusöök	[ɜhtusø:k]
jantar (vi)	õhtust sööma	[ɜhtusʲt sø:ma]

| apetite (m) | söögiisu | [sø:gi:su] |
| Bom apetite! | Head isu! | [heat isu!] |

abrir (~ uma lata, etc.)	avama	[aʋama]
derramar (~ líquido)	maha valama	[maha ʋalama]
derramar-se (vr)	maha voolama	[maha ʋo:lama]

ferver (vi)	keema	[ke:ma]
ferver (vt)	keetma	[ke:tma]
fervido (adj)	keedetud	[ke:detut]

| esfriar (vt) | jahutama | [jahutama] |
| esfriar-se (vr) | jahtuma | [jahtuma] |

| sabor, gosto (m) | maitse | [maitse] |
| fim (m) de boca | kõrvalmaitse | [kɜrʋalʲmaitse] |

emagrecer (vi)	kaalus alla võtma	[ka:lus alʲæ ʋɜtma]
dieta (f)	dieet	[die:t]
vitamina (f)	vitamiin	[ʋitami:n]
caloria (f)	kalor	[kalor]

| vegetariano (m) | taimetoitlane | [taimetojtlane] |
| vegetariano (adj) | taimetoitluslik | [taimetojtluslik] |

gorduras (f pl)	rasvad	[rasʋat]
proteínas (f pl)	valgud	[ʋalʲgut]
carboidratos (m pl)	süsivesikud	[süsiʋesikut]
fatia (~ de limão, etc.)	viil	[ʋi:lʲ]
pedaço (~ de bolo)	tükk	[tʉkk]
migalha (f), farelo (m)	puru	[puru]

43. Por a mesa

colher (f)	**lusikas**	[lusikas]
faca (f)	**nuga**	[nuga]
garfo (m)	**kahvel**	[kahʋelʲ]
xícara (f)	**tass**	[tass]
prato (m)	**taldrik**	[talʲdrik]
pires (m)	**alustass**	[alusʲtass]
guardanapo (m)	**salvrätik**	[salʲʋrætik]
palito (m)	**hambaork**	[hambaork]

44. Restaurante

restaurante (m)	**restoran**	[resʲtoran]
cafeteria (f)	**kohvituba**	[kohʋituba]
bar (m), cervejaria (f)	**baar**	[ba:r]
salão (m) de chá	**teesalong**	[te:salong]
garçom (m)	**kelner**	[kelʲner]
garçonete (f)	**ettekandja**	[ettekandja]
barman (m)	**baarimees**	[ba:rime:s]
cardápio (m)	**menüü**	[menʉ:]
lista (f) de vinhos	**veinikaart**	[ʋejnika:rt]
reservar uma mesa	**lauda kinni panema**	[lauda kinni panema]
prato (m)	**roog**	[ro:g]
pedir (vt)	**tellima**	[telʲima]
fazer o pedido	**tellimust andma**	[telʲimusʲt andma]
aperitivo (m)	**aperitiiv**	[aperiti:ʋ]
entrada (f)	**suupiste**	[su:pisʲte]
sobremesa (f)	**magustoit**	[magusʲtojt]
conta (f)	**arve**	[arʋe]
pagar a conta	**arvet maksma**	[arʋet maksma]
dar o troco	**raha tagasi andma**	[raha tagasi andma]
gorjeta (f)	**jootraha**	[jo:traha]

Família, parentes e amigos

45. Informação pessoal. Formulários

nome (m)	eesnimi	[e:snimi]
sobrenome (m)	perekonnnimi	[perekonnnimi]
data (f) de nascimento	sünniaeg	[sʉnniaeg]
local (m) de nascimento	sünnikoht	[sʉnnikoht]
nacionalidade (f)	rahvus	[rahʊus]
lugar (m) de residência	elukoht	[elukoht]
país (m)	riik	[ri:k]
profissão (f)	elukutse	[elukutse]
sexo (m)	sugu	[sugu]
estatura (f)	kasv	[kasʊ]
peso (m)	kaal	[ka:lʲ]

46. Membros da família. Parentes

mãe (f)	ema	[ema]
pai (m)	isa	[isa]
filho (m)	poeg	[poeg]
filha (f)	tütar	[tʉtar]
caçula (f)	noorem tütar	[no:rem tʉtar]
caçula (m)	noorem poeg	[no:rem poeg]
filha (f) mais velha	vanem tütar	[ʊanem tʉtar]
filho (m) mais velho	vanem poeg	[ʊanem poeg]
irmão (m)	vend	[ʊent]
irmão (m) mais velho	vanem vend	[ʊanem ʊent]
irmão (m) mais novo	noorem vend	[no:rem ʊent]
irmã (f)	õde	[ɜde]
irmã (f) mais velha	vanem õde	[ʊanem ɜde]
irmã (f) mais nova	noorem õde	[no:rem ɜde]
primo (m)	onupoeg	[onupoeg]
prima (f)	onutütar	[onutʉtar]
mamãe (f)	mamma	[mamma]
papai (m)	papa	[papa]
pais (pl)	vanemad	[ʊanemat]
criança (f)	laps	[laps]
crianças (f pl)	lapsed	[lapset]
avó (f)	vanaema	[ʊanaema]
avô (m)	vanaisa	[ʊanaisa]
neto (m)	lapselaps	[lapselaps]

neta (f)	**lapselaps**	[lapselaps]
netos (pl)	**lapselapsed**	[lapselapset]
tio (m)	**onu**	[onu]
tia (f)	**tädi**	[tædi]
sobrinho (m)	**vennapoeg**	[ʋennapoeg]
sobrinha (f)	**vennatütar**	[ʋennatʉtar]
sogra (f)	**ämm**	[æmm]
sogro (m)	**äi**	[æj]
genro (m)	**väimees**	[ʋæjme:s]
madrasta (f)	**võõrasema**	[ʋɜ:rasema]
padrasto (m)	**võõrasisa**	[ʋɜ:rasisa]
criança (f) de colo	**rinnalaps**	[rinnalaps]
bebê (m)	**imik**	[imik]
menino (m)	**väikelaps**	[ʋæjkelaps]
mulher (f)	**naine**	[naine]
marido (m)	**mees**	[me:s]
esposo (m)	**abikaasa**	[abika:sa]
esposa (f)	**abikaasa**	[abika:sa]
casado (adj)	**abielus**	[abielus]
casada (adj)	**abielus**	[abielus]
solteiro (adj)	**vallaline**	[ʋalʲæline]
solteirão (m)	**vanapoiss**	[ʋanapojss]
divorciado (adj)	**lahutatud**	[lahutatut]
viúva (f)	**lesk**	[lesk]
viúvo (m)	**lesk**	[lesk]
parente (m)	**sugulane**	[sugulane]
parente (m) próximo	**lähedane sugulane**	[lʲæhedane sugulane]
parente (m) distante	**kaugelt sugulane**	[kaugelʲt sugulane]
parentes (m pl)	**sugulased**	[sugulaset]
órfão (m), órfã (f)	**orb**	[orb]
tutor (m)	**eestkostja**	[e:sʲtkosʲtja]
adotar (um filho)	**lapsendama**	[lapsendama]
adotar (uma filha)	**lapsendama**	[lapsendama]

Medicina

47. Doenças

doença (f)	haigus	[haigus]
estar doente	haige olema	[haige olema]
saúde (f)	tervis	[teruis]

nariz (m) escorrendo	nohu	[nohu]
amigdalite (f)	angiin	[angi:n]
resfriado (m)	külmetus	[kʉlʲmetus]
ficar resfriado	külmetuma	[kʉlʲmetuma]

bronquite (f)	bronhiit	[bronhi:t]
pneumonia (f)	kopsupõletik	[kopsupɜletik]
gripe (f)	gripp	[gripp]

míope (adj)	lühinägelik	[lʉhinægelik]
presbita (adj)	kaugenägelik	[kaugenægelik]
estrabismo (m)	kõõrdsilmsus	[kɜ:rdsilʲmsus]
estrábico, vesgo (adj)	kõõrdsilmne	[kɜ:rdsilʲmne]
catarata (f)	katarakt	[katarakt]
glaucoma (m)	glaukoom	[glauko:m]

AVC (m), apoplexia (f)	insult	[insulʲt]
ataque (m) cardíaco	infarkt	[infarkt]
enfarte (m) do miocárdio	müokardi infarkt	[mʉokardi infarkt]
paralisia (f)	halvatus	[halʲuatus]
paralisar (vt)	halvama	[halʲuama]

alergia (f)	allergia	[alʲergia]
asma (f)	astma	[asʲtma]
diabetes (f)	diabeet	[diabe:t]

| dor (f) de dente | hambavalu | [hambaualu] |
| cárie (f) | kaaries | [ka:ries] |

diarreia (f)	kõhulahtisus	[kɜhulahtisus]
prisão (f) de ventre	kõhukinnisus	[kɜhukinnisus]
desarranjo (m) intestinal	kõhulahtisus	[kɜhulahtisus]
intoxicação (f) alimentar	mürgitus	[mʉrgitus]
intoxicar-se	mürgitust saama	[mʉrgitusʲt sa:ma]

artrite (f)	artriit	[artri:t]
raquitismo (m)	rahhiit	[rahhi:t]
reumatismo (m)	reuma	[reuma]
arteriosclerose (f)	ateroskleroos	[ateroskleroːs]

| gastrite (f) | gastriit | [gasʲtri:t] |
| apendicite (f) | apenditsiit | [apenditsi:t] |

| colecistite (f) | koletsüstiit | [koletsʉsˈtiːt] |
| úlcera (f) | haavand | [haːʋant] |

sarampo (m)	leetrid	[leːtrit]
rubéola (f)	punetised	[punetiset]
icterícia (f)	kollatõbi	[kolˈætɜbi]
hepatite (f)	hepatiit	[hepatiːt]

esquizofrenia (f)	skisofreenia	[skisofreːnia]
raiva (f)	marutaud	[marutaut]
neurose (f)	neuroos	[neuroːs]
contusão (f) cerebral	ajuvapustus	[ajuʋapusˈtus]

câncer (m)	vähk	[ʋæhk]
esclerose (f)	skleroos	[skleroːs]
esclerose (f) múltipla	hajameelne skleroos	[hajameːlˈne skleroːs]

alcoolismo (m)	alkoholism	[alˈkoholism]
alcoólico (m)	alkohoolik	[alˈkohoːlik]
sífilis (f)	süüfilis	[sʉːfilis]
AIDS (f)	AIDS	[aids]

tumor (m)	kasvaja	[kasʋaja]
maligno (adj)	pahaloomuline	[pahaloːmuline]
benigno (adj)	healoomuline	[healoːmuline]

febre (f)	palavik	[palaʋik]
malária (f)	malaaria	[malaːria]
gangrena (f)	gangreen	[gangreːn]
enjoo (m)	merehaigus	[merehaigus]
epilepsia (f)	epilepsia	[epilepsia]

epidemia (f)	epideemia	[epideːmia]
tifo (m)	tüüfus	[tʉːfus]
tuberculose (f)	tuberkuloos	[tuberkuloːs]
cólera (f)	koolera	[koːlera]
peste (f) bubônica	katk	[katk]

48. Sintomas. Tratamentos. Parte 1

sintoma (m)	sümptom	[sʉmptom]
temperatura (f)	temperatuur	[temperatuːr]
febre (f)	kõrge palavik	[kɜrge palaʋik]
pulso (m)	pulss	[pulˈss]

vertigem (f)	peapööritus	[peapøːritus]
quente (testa, etc.)	kuum	[kuːm]
calafrio (m)	vappekülm	[ʋappekʉlˈm]
pálido (adj)	kahvatu	[kahʋatu]

tosse (f)	köha	[køha]
tossir (vi)	köhima	[køhima]
espirrar (vi)	aevastama	[aeʋasˈtama]
desmaio (m)	minestus	[minesˈtus]

desmaiar (vi)	teadvust kaotama	[teaduus't kaotama]
mancha (f) preta	sinikas	[sinikas]
galo (m)	muhk	[muhk]
machucar-se (vr)	ära lööma	[æra lø:ma]
contusão (f)	haiget saanud koht	[haiget sa:nut koht]
machucar-se (vr)	haiget saama	[haiget sa:ma]

mancar (vi)	lonkama	[lonkama]
deslocamento (f)	nihestus	[nihes'tus]
deslocar (vt)	nihestama	[nihes'tama]
fratura (f)	luumurd	[lu:murt]
fraturar (vt)	luud murdma	[lu:t murdma]

corte (m)	lõikehaav	[lɜikeha:u]
cortar-se (vr)	endale sisse lõikama	[endale sisse lɜikama]
hemorragia (f)	verejooks	[uerejo:ks]

queimadura (f)	põletushaav	[pɜletusha:u]
queimar-se (vr)	end ära põletama	[ent æra pɜletama]

picar (vt)	torkama	[torkama]
picar-se (vr)	end torkama	[ent torkama]
lesionar (vt)	kergelt haavama	[kergel't ha:uama]
lesão (m)	vigastus	[uigas'tus]
ferida (f), ferimento (m)	haav	[ha:u]
trauma (m)	trauma	[trauma]

delirar (vi)	sonima	[sonima]
gaguejar (vi)	kokutama	[kokutama]
insolação (f)	päiksepiste	[pæjksepis'te]

49. Sintomas. Tratamentos. Parte 2

dor (f)	valu	[ualu]
farpa (no dedo, etc.)	pind	[pint]

suor (m)	higi	[higi]
suar (vi)	higistama	[higis'tama]
vômito (m)	okse	[okse]
convulsões (f pl)	krambid	[krambit]

grávida (adj)	rase	[rase]
nascer (vi)	sündima	[sʉndima]
parto (m)	sünnitus	[sʉnnitus]
dar à luz	sünnitama	[sʉnnitama]
aborto (m)	abort	[abort]

respiração (f)	hingamine	[hingamine]
inspiração (f)	sissehingamine	[sissehingamine]
expiração (f)	väljahingamine	[uæljahingamine]
expirar (vi)	välja hingama	[uælja hingama]
inspirar (vi)	sisse hingama	[sisse hingama]
inválido (m)	invaliid	[inuali:t]
aleijado (m)	vigane	[uigane]

drogado (m)	**narkomaan**	[narkoma:n]
surdo (adj)	**kurt**	[kurt]
mudo (adj)	**tumm**	[tumm]
surdo-mudo (adj)	**kurttumm**	[kurttumm]

louco, insano (adj)	**hullumeelne**	[huljume:ljne]
louco (m)	**vaimuhaige**	[ʋaimuhaige]
louca (f)	**vaimuhaige**	[ʋaimuhaige]
ficar louco	**hulluks minema**	[huljuks minema]

gene (m)	**geen**	[ge:n]
imunidade (f)	**immuniteet**	[immunite:t]
hereditário (adj)	**pärilik**	[pærilik]
congênito (adj)	**kaasasündinud**	[ka:sasɯndinut]

vírus (m)	**viirus**	[ʋi:rus]
micróbio (m)	**mikroob**	[mikro:b]
bactéria (f)	**bakter**	[bakter]
infecção (f)	**nakkus**	[nakkus]

50. Sintomas. Tratamentos. Parte 3

hospital (m)	**haigla**	[haigla]
paciente (m)	**patsient**	[patsient]

diagnóstico (m)	**diagnoos**	[diagno:s]
cura (f)	**iseravimine**	[iseraʋimine]
tratamento (m) médico	**ravimine**	[raʋimine]
curar-se (vr)	**ennast ravima**	[ennasjt raʋima]
tratar (vt)	**ravima**	[raʋima]
cuidar (pessoa)	**hoolitsema**	[ho:litsema]
cuidado (m)	**hoolitsus**	[ho:litsus]

operação (f)	**operatsioon**	[operatsio:n]
enfaixar (vt)	**siduma**	[siduma]
enfaixamento (m)	**sidumine**	[sidumine]

vacinação (f)	**vaktsineerimine**	[ʋaktsine:rimine]
vacinar (vt)	**vaktsineerima**	[ʋaktsine:rima]
injeção (f)	**süst**	[sɯsjt]
dar uma injeção	**süstima**	[sɯsjtima]

ataque (~ de asma, etc.)	**haigushoog**	[haigusho:g]
amputação (f)	**amputeerimine**	[ampute:rimine]
amputar (vt)	**amputeerima**	[ampute:rima]
coma (f)	**kooma**	[ko:ma]
estar em coma	**koomas olema**	[ko:mas olema]
reanimação (f)	**reanimatsioon**	[reanimatsio:n]

recuperar-se (vr)	**terveks saama**	[terʋeks sa:ma]
estado (~ de saúde)	**seisund**	[sejsunt]
consciência (perder a ~)	**teadvus**	[teadʋus]
memória (f)	**mälu**	[mælu]
tirar (vt)	**hammast välja tõmbama**	[hammasjt ʋælja tɔmbama]

obturação (f)	**plomm**	[plomm]
obturar (vt)	**plombeerima**	[plombe:rima]

hipnose (f)	**hüpnoos**	[hʉpno:s]
hipnotizar (vt)	**hüpnotiseerima**	[hʉpnotise:rima]

51. Médicos

médico (m)	**arst**	[arsʲt]
enfermeira (f)	**medõde**	[medɜde]
médico (m) pessoal	**isiklik arst**	[isiklik arsʲt]

dentista (m)	**hambaarst**	[hamba:rsʲt]
oculista (m)	**silmaarst**	[silʲma:rsʲt]
terapeuta (m)	**sisearst**	[sisearsʲt]
cirurgião (m)	**kirurg**	[kirurg]

psiquiatra (m)	**psühhiaater**	[psʉhhia:ter]
pediatra (m)	**lastearst**	[lasʲtearsʲt]
psicólogo (m)	**psühholoog**	[psʉhholo:g]
ginecologista (m)	**naistearst**	[naisʲtearsʲt]
cardiologista (m)	**kardioloog**	[kardiolo:g]

52. Medicina. Drogas. Acessórios

medicamento (m)	**ravim**	[raʋim]
remédio (m)	**vahend**	[ʋahent]
receitar (vt)	**välja kirjutama**	[ʋælja kirjutama]
receita (f)	**retsept**	[retsept]

comprimido (m)	**tablett**	[tablett]
unguento (m)	**salv**	[salʲʊ]
ampola (f)	**ampull**	[ampulʲ]
solução, preparado (m)	**mikstuur**	[miksʲtu:r]
xarope (m)	**siirup**	[si:rup]
cápsula (f)	**pill**	[pilʲ]
pó (m)	**pulber**	[pulʲber]

atadura (f)	**side**	[side]
algodão (m)	**vatt**	[ʋatt]
iodo (m)	**jood**	[jo:t]

curativo (m) adesivo	**plaaster**	[pla:sʲter]
conta-gotas (m)	**pipett**	[pipett]
termômetro (m)	**kraadiklaas**	[kra:dikla:s]
seringa (f)	**süstal**	[sʉsʲtalʲ]

cadeira (f) de rodas	**invaliidikäru**	[inʋali:dikæru]
muletas (f pl)	**kargud**	[kargut]

analgésico (m)	**valuvaigisti**	[ʋaluʋaigisʲti]
laxante (m)	**kõhulahtisti**	[kɜhulahtisʲti]

álcool (m)	piiritus	[pi:ritus]
ervas (f pl) medicinais	maarohud	[ma:rohut]
de ervas (chá ~)	maarohtudest	[ma:rohtudesʲt]

HABITAT HUMANO

Cidade

53. Cidade. Vida na cidade

cidade (f)	linn	[linn]
capital (f)	pealinn	[pealinn]
aldeia (f)	küla	[kʉla]
mapa (m) da cidade	linnaplaan	[linnapla:n]
centro (m) da cidade	kesklinn	[kesklinn]
subúrbio (m)	linnalähedane asula	[linnalʲæhedane asula]
suburbano (adj)	linnalähedane	[linnalʲæhedane]
periferia (f)	äärelinn	[æ:relinn]
arredores (m pl)	ümbrus	[ʉmbrus]
quarteirão (m)	kvartal	[kʋartalʲ]
quarteirão (m) residencial	elamukvartal	[elamukʋartalʲ]
tráfego (m)	liiklus	[li:klus]
semáforo (m)	valgusfoor	[ʋalʲgusfo:r]
transporte (m) público	linnatransport	[linnatransport]
cruzamento (m)	ristmik	[risʲtmik]
faixa (f)	ülekäik	[ʉlekæjk]
túnel (m) subterrâneo	jalakäijate tunnel	[jalakæjjate tunnelʲ]
cruzar, atravessar (vt)	üle tänava minema	[ʉle tænaʋa minema]
pedestre (m)	jalakäija	[jalakæjja]
calçada (f)	könnitee	[kɜnnite:]
ponte (f)	sild	[silʲt]
margem (f) do rio	kaldapealne	[kalʲdapealʲne]
fonte (f)	purskkaev	[purskkaeʋ]
alameda (f)	allee	[alʲe:]
parque (m)	park	[park]
bulevar (m)	puiestee	[puiesʲte:]
praça (f)	väljak	[ʋæljak]
avenida (f)	prospekt	[prospekt]
rua (f)	tänav	[tænaʋ]
travessa (f)	põiktänav	[pɜiktænaʋ]
beco (m) sem saída	umbtänav	[umbtænaʋ]
casa (f)	maja	[maja]
edifício, prédio (m)	hoone	[ho:ne]
arranha-céu (m)	pilvelõhkuja	[pilʲʋelɜhkuja]
fachada (f)	fassaad	[fassa:t]
telhado (m)	katus	[katus]

janela (f)	aken	[aken]
arco (m)	võlv	[ʊɜlʲʊ]
coluna (f)	sammas	[sammas]
esquina (f)	nurk	[nurk]

vitrine (f)	vaateaken	[ʊɑ:teaken]
letreiro (m)	silt	[silʲt]
cartaz (do filme, etc.)	kuulutus	[ku:lutus]
cartaz (m) publicitário	reklaamiplakat	[rekla:miplakat]
painel (m) publicitário	reklaamikilp	[rekla:mikilʲp]

lixo (m)	prügi	[prʉgi]
lata (f) de lixo	prügiurn	[prʉgiurn]
jogar lixo na rua	prahti maha viskama	[prahti maha ʊiskama]
aterro (m) sanitário	prügimägi	[prʉgimægi]

orelhão (m)	telefoniputka	[telefoniputka]
poste (m) de luz	laternapost	[laternaposʲt]
banco (m)	pink	[pink]

polícia (m)	politseinik	[politsejnik]
polícia (instituição)	politsei	[politsej]
mendigo, pedinte (m)	kerjus	[kerjus]
desabrigado (m)	pätt	[pætt]

54. Instituições urbanas

loja (f)	kauplus	[kauplus]
drogaria (f)	apteek	[apte:k]
ótica (f)	optika	[optika]
centro (m) comercial	kaubanduskeskus	[kaubanduskeskus]
supermercado (m)	supermarket	[supermarket]

padaria (f)	leivapood	[lejʊapo:t]
padeiro (m)	pagar	[pagar]
pastelaria (f)	kondiitripood	[kondi:tripo:t]
mercearia (f)	toidupood	[tojdupo:t]
açougue (m)	lihakarn	[lihakarn]

| fruteira (f) | juurviljapood | [ju:rʊiljapo:t] |
| mercado (m) | turg | [turg] |

cafeteria (f)	kohvik	[kohʊik]
restaurante (m)	restoran	[resʲtoran]
bar (m)	õllebaar	[ɜlʲeba:r]
pizzaria (f)	pitsabaar	[pitsaba:r]

salão (m) de cabeleireiro	juuksurisalong	[ju:ksurisalong]
agência (f) dos correios	postkontor	[posʲtkontor]
lavanderia (f)	keemiline puhastus	[ke:miline puhasʲtus]
estúdio (m) fotográfico	fotoateljee	[fotoatelje:]

| sapataria (f) | kingapood | [kingapo:t] |
| livraria (f) | raamatukauplus | [ra:matukauplus] |

loja (f) de artigos esportivos	sporditarvete kauplus	[sporditaruete kauplus]
costureira (m)	riieteparandus	[ri:eteparandus]
aluguel (m) de roupa	riietelaenutus	[ri:etelaenutus]
videolocadora (f)	filmilaenutus	[filʲmilaenutus]
circo (m)	tsirkus	[tsirkus]
jardim (m) zoológico	loomaaed	[lo:ma:et]
cinema (m)	kino	[kino]
museu (m)	muuseum	[mu:seum]
biblioteca (f)	raamatukogu	[ra:matukogu]
teatro (m)	teater	[teater]
ópera (f)	ooper	[o:per]
boate (casa noturna)	ööklubi	[ø:klubi]
cassino (m)	kasiino	[kasi:no]
mesquita (f)	mošee	[moʃe:]
sinagoga (f)	sünagoog	[sʉnago:g]
catedral (f)	katedraal	[katedra:lʲ]
templo (m)	pühakoda	[pʉhakoda]
igreja (f)	kirik	[kirik]
faculdade (f)	instituut	[insʲtitu:t]
universidade (f)	ülikool	[ʉliko:lʲ]
escola (f)	kool	[ko:lʲ]
prefeitura (f)	linnaosa valitsus	[linnaosa ualitsus]
câmara (f) municipal	linnavalitsus	[linnaualitsus]
hotel (m)	hotell	[hotelʲ]
banco (m)	pank	[pank]
embaixada (f)	suursaatkond	[su:rsa:tkont]
agência (f) de viagens	reisibüroo	[rejsibʉro:]
agência (f) de informações	teadete büroo	[teadete bʉro:]
casa (f) de câmbio	rahavahetus	[rahauahetus]
metrô (m)	metroo	[metro:]
hospital (m)	haigla	[haigla]
posto (m) de gasolina	tankla	[tankla]
parque (m) de estacionamento	parkla	[parkla]

55. Sinais

letreiro (m)	silt	[silʲt]
aviso (m)	pealkiri	[pealʲkiri]
cartaz, pôster (m)	plakat	[plakat]
placa (f) de direção	teeviit	[te:ʋi:t]
seta (f)	nool	[no:lʲ]
aviso (advertência)	hoiatus	[hojatus]
sinal (m) de aviso	hoiatus	[hojatus]
avisar, advertir (vt)	hoiatama	[hojatama]
dia (m) de folga	puhkepäev	[puhkepæəu]

| horário (~ dos trens, etc.) | sõiduplaan | [sɜidupla:n] |
| horário (m) | töötunnid | [tø:tunnit] |

BEM-VINDOS!	TERE TULEMAST!	[tere tulemasʲt!]
ENTRADA	SISSEPÄÄS	[sissepæ:s]
SAÍDA	VÄLJAPÄÄS	[ʋæljapæ:s]

EMPURRE	LÜKKA	[lʉkka]
PUXE	TÕMBA	[tɜmba]
ABERTO	AVATUD	[aʋatut]
FECHADO	SULETUD	[suletut]

| MULHER | NAISTELE | [naisʲtele] |
| HOMEM | MEESTELE | [me:sʲtele] |

DESCONTOS	SOODUSTUSED	[so:dusʲtuset]
SALDOS, PROMOÇÃO	VÄLJAMÜÜK	[ʋæljamʉ:k]
NOVIDADE!	UUS KAUP!	[u:s kaup!]
GRÁTIS	TASUTA	[tasuta]

ATENÇÃO!	ETTEVAATUST!	[etteʋa:tusʲt!]
NÃO HÁ VAGAS	TÄIELIKULT BRONEERITUD	[tæjelikulʲt brone:ritut]
RESERVADO	RESERVEERITUD	[reserʋe:ritut]

| ADMINISTRAÇÃO | JUHTKOND | [juhtkont] |
| SOMENTE PESSOAL AUTORIZADO | AINULT PERSONALILE | [ainulʲt personalile] |

CUIDADO CÃO FEROZ	KURI KOER	[kuri koer]
PROIBIDO FUMAR!	MITTE SUITSETADA!	[mitte suitsetada!]
NÃO TOCAR	MITTE PUUTUDA!	[mitte pu:tuda!]

PERIGOSO	OHTLIK	[ohtlik]
PERIGO	OHT	[oht]
ALTA TENSÃO	KÕRGEPINGE	[kɜrgepinge]
PROIBIDO NADAR	UJUMINE KEELATUD!	[ujumine ke:latud!]
COM DEFEITO	EI TÖÖTA	[ej tø:ta]

INFLAMÁVEL	TULEOHTLIK	[tuleohtlik]
PROIBIDO	KEELATUD	[ke:latut]
ENTRADA PROIBIDA	LÄBIKÄIK KEELATUD	[lʲæbikæjk ke:latut]
CUIDADO TINTA FRESCA	VÄRSKE VÄRV	[ʋærske ʋærʋ]

56. Transportes urbanos

ônibus (m)	buss	[buss]
bonde (m) elétrico	tramm	[tramm]
trólebus (m)	troll	[trolʲ]
rota (f), itinerário (m)	marsruut	[marsru:t]
número (m)	number	[number]

| ir de ... (carro, etc.) | ... sõitma | [... sɜitma] |
| entrar no ... | sisenema | [sisenema] |

descer do ...	maha minema	[maha minema]
parada (f)	peatus	[peatus]
próxima parada (f)	järgmine peatus	[jærgmine peatus]
terminal (m)	lõpp-peatus	[lɜpp-peatus]
horário (m)	sõiduplaan	[sɜidupla:n]
esperar (vt)	ootama	[o:tama]
passagem (f)	pilet	[pilet]
tarifa (f)	pileti hind	[pileti hint]
bilheteiro (m)	kassiir	[kassi:r]
controle (m) de passagens	piletikontroll	[piletikontrolʲ]
revisor (m)	kontrolör	[kontrolør]
atrasar-se (vr)	hilinema	[hilinema]
perder (o autocarro, etc.)	hiljaks jääma	[hiljaks jæ:ma]
estar com pressa	ruttama	[ruttama]
táxi (m)	takso	[takso]
taxista (m)	taksojuht	[taksojuht]
de táxi (ir ~)	taksoga	[taksoga]
ponto (m) de táxis	taksopeatus	[taksopeatus]
chamar um táxi	taksot välja kutsuma	[taksot uælja kutsuma]
pegar um táxi	taksot võtma	[taksot uɔtma]
tráfego (m)	tänavaliiklus	[tænauali:klus]
engarrafamento (m)	liiklusummik	[li:klusummik]
horas (f pl) de pico	tipptund	[tipptunt]
estacionar (vi)	parkima	[parkima]
estacionar (vt)	parkima	[parkima]
parque (m) de estacionamento	parkla	[parkla]
metrô (m)	metroo	[metro:]
estação (f)	jaam	[ja:m]
ir de metrô	metrooga sõitma	[metro:ga sɜitma]
trem (m)	rong	[rong]
estação (f) de trem	raudteejaam	[raudte:ja:m]

57. Turismo

monumento (m)	mälestussammas	[mælesʲtussammas]
fortaleza (f)	kindlus	[kintlus]
palácio (m)	loss	[loss]
castelo (m)	loss	[loss]
torre (f)	torn	[torn]
mausoléu (m)	mausoleum	[mausoleum]
arquitetura (f)	arhitektuur	[arhitektu:r]
medieval (adj)	keskaegne	[keskaegne]
antigo (adj)	vanaaegne	[uana:egne]
nacional (adj)	rahvuslik	[rahuuslik]
famoso, conhecido (adj)	tuntud	[tuntut]
turista (m)	turist	[turisʲt]
guia (pessoa)	giid	[gi:t]

excursão (f)	ekskursioon	[ekskursio:n]
mostrar (vt)	näitama	[næjtama]
contar (vt)	jutustama	[jutusʲtama]

encontrar (vt)	leidma	[lejdma]
perder-se (vr)	ära kaduma	[æra kaduma]
mapa (~ do metrô)	skeem	[ske:m]
mapa (~ da cidade)	plaan	[pla:n]

lembrança (f), presente (m)	suveniir	[suʋeni:r]
loja (f) de presentes	suveniirikauplus	[suʋeni:rikauplus]
tirar fotos, fotografar	pildistama	[pilʲdisʲtama]
fotografar-se (vr)	laskma pildistada	[laskma pilʲdisʲtada]

58. Compras

comprar (vt)	ostma	[osʲtma]
compra (f)	ost	[osʲt]
fazer compras	oste tegema	[osʲte tegema]
compras (f pl)	šoppamine	[ʃoppamine]

| estar aberta (loja) | lahti olema | [lahti olema] |
| estar fechada | kinni olema | [kinni olema] |

calçado (m)	jalatsid	[jalatsit]
roupa (f)	riided	[ri:det]
cosméticos (m pl)	kosmeetika	[kosme:tika]
alimentos (m pl)	toiduained	[tojduainet]
presente (m)	kingitus	[kingitus]

| vendedor (m) | müüja | [mʉ:ja] |
| vendedora (f) | müüja | [mʉ:ja] |

caixa (f)	kassa	[kassa]
espelho (m)	peegel	[pe:gelʲ]
balcão (m)	lett	[lett]
provador (m)	proovikabiin	[pro:ʋikabi:n]

provar (vt)	selga proovima	[selʲga pro:ʋima]
servir (roupa, caber)	paras olema	[paras olema]
gostar (apreciar)	meeldima	[me:lʲdima]

preço (m)	hind	[hint]
etiqueta (f) de preço	hinnalipik	[hinnalipik]
custar (vt)	maksma	[maksma]
Quanto?	Kui palju?	[kui palju?]
desconto (m)	allahindlus	[alʲæhintlus]

não caro (adj)	odav	[odaʋ]
barato (adj)	odav	[odaʋ]
caro (adj)	kallis	[kalʲis]
É caro	See on kallis.	[se: on kalʲis]
aluguel (m)	laenutus	[laenutus]
alugar (roupas, etc.)	laenutama	[laenutama]

| crédito (m) | pangalaen | [pangalaen] |
| a crédito | krediiti võtma | [krediːti ʋstma] |

59. Dinheiro

dinheiro (m)	raha	[raha]
câmbio (m)	vahetus	[ʋahetus]
taxa (f) de câmbio	kurss	[kurss]
caixa (m) eletrônico	pangaautomaat	[panga:utoma:t]
moeda (f)	münt	[munt]

| dólar (m) | dollar | [dolʲær] |
| euro (m) | euro | [euro] |

lira (f)	liir	[liːr]
marco (m)	mark	[mark]
franco (m)	frank	[frank]
libra (f) esterlina	naelsterling	[naelʲsʲterling]
iene (m)	jeen	[jeːn]

dívida (f)	võlg	[ʋslʲg]
devedor (m)	võlgnik	[ʋslʲgnik]
emprestar (vt)	võlgu andma	[ʋslʲgu andma]
pedir emprestado	võlgu võtma	[ʋslʲgu ʋstma]

banco (m)	pank	[pank]
conta (f)	pangakonto	[pangakonto]
depositar (vt)	panema	[panema]
depositar na conta	arvele panema	[arʋele panema]
sacar (vt)	arvelt võtma	[arʋelʲt ʋstma]

cartão (m) de crédito	krediidikaart	[krediːdika:rt]
dinheiro (m) vivo	sularaha	[sularaha]
cheque (m)	tšekk	[tʃekk]
passar um cheque	tšekki välja kirjutama	[tʃekki ʋælja kirjutama]
talão (m) de cheques	tšekiraamat	[tʃekira:mat]

carteira (f)	rahatasku	[rahatasku]
niqueleira (f)	rahakott	[rahakott]
cofre (m)	seif	[sejf]

herdeiro (m)	pärija	[pærija]
herança (f)	pärandus	[pærandus]
fortuna (riqueza)	varandus	[ʋarandus]

arrendamento (m)	rent	[rent]
aluguel (pagar o ~)	korteriüür	[korteriu:r]
alugar (vt)	üürima	[u:rima]

preço (m)	hind	[hint]
custo (m)	maksumus	[maksumus]
soma (f)	summa	[summa]
gastar (vt)	raiskama	[raiskama]
gastos (m pl)	kulutused	[kulutuset]

economizar (vi)	kokku hoidma	[kokku hojdma]
econômico (adj)	kokkuhoidlik	[kokkuhojtlik]
pagar (vt)	tasuma	[tasuma]
pagamento (m)	maksmine	[maksmine]
troco (m)	tagasiantav raha	[tagasiantaʋ raha]
imposto (m)	maks	[maks]
multa (f)	trahv	[trahʋ]
multar (vt)	trahvima	[trahʋima]

60. Correios. Serviço postal

agência (f) dos correios	postkontor	[posʲtkontor]
correio (m)	post	[posʲt]
carteiro (m)	postiljon	[posʲtiljon]
horário (m)	töötunnid	[tø:tunnit]
carta (f)	kiri	[kiri]
carta (f) registada	tähitud kiri	[tæhitut kiri]
cartão (m) postal	postkaart	[posʲtka:rt]
telegrama (m)	telegramm	[telegramm]
encomenda (f)	pakk	[pakk]
transferência (f) de dinheiro	rahaülekanne	[rahaʉlekanne]
receber (vt)	kätte saama	[kætte sa:ma]
enviar (vt)	saatma	[sa:tma]
envio (m)	saatmine	[sa:tmine]
endereço (m)	aadress	[a:dress]
código (m) postal	indeks	[indeks]
remetente (m)	saatja	[sa:tja]
destinatário (m)	saaja	[sa:ja]
nome (m)	eesnimi	[e:snimi]
sobrenome (m)	perekonnanimi	[perekonnanimi]
tarifa (f)	tariif	[tari:f]
ordinário (adj)	harilik	[harilik]
econômico (adj)	soodustariif	[so:dusʲtari:f]
peso (m)	kaal	[ka:lʲ]
pesar (estabelecer o peso)	kaaluma	[ka:luma]
envelope (m)	ümbrik	[ʉmbrik]
selo (m) postal	mark	[mark]
colar o selo	marki peale kleepima	[marki peale kle:pima]

Moradia. Casa. Lar

61. Casa. Eletricidade

eletricidade (f)	elekter	[elekter]
lâmpada (f)	elektripirn	[elektripirn]
interruptor (m)	lüliti	[lʉliti]
fusível, disjuntor (m)	kork	[kork]
fio, cabo (m)	juhe	[juhe]
instalação (f) elétrica	juhtmestik	[juhtmesʲtik]
medidor (m) de eletricidade	arvesti	[arʋesʲti]
indicação (f), registro (m)	näit	[næjt]

62. Moradia. Mansão

casa (f) de campo	maamaja	[ma:maja]
vila (f)	villa	[ʋilʲæ]
ala (~ do edifício)	välistrepp	[ʋælisʲtrepp]
jardim (m)	aed	[aet]
parque (m)	park	[park]
estufa (f)	kasvuhoone	[kasʋuho:ne]
cuidar de ...	hoolitsema	[ho:litsema]
piscina (f)	bassein	[bassejn]
academia (f) de ginástica	spordisaal	[spordisa:lʲ]
quadra (f) de tênis	tenniseväljak	[tenniseʋæljak]
cinema (m)	kino	[kino]
garagem (f)	garaaž	[gara:ʒ]
propriedade (f) privada	eraomand	[eraomant]
terreno (m) privado	eravaldus	[eraʋalʲdus]
advertência (f)	hoiatus	[hojatus]
sinal (m) de aviso	kirjalik hoiatus	[kirjalik hojatus]
guarda (f)	valve	[ʋalʲʋe]
guarda (m)	turvamees	[turʋame:s]
alarme (m)	signalisatsioon	[signalisatsio:n]

63. Apartamento

apartamento (m)	korter	[korter]
quarto, cômodo (m)	tuba	[tuba]
quarto (m) de dormir	magamistuba	[magamisʲtuba]

sala (f) de jantar	söögituba	[sø:gituba]
sala (f) de estar	külalistuba	[kʉlalisˈtuba]
escritório (m)	kabinet	[kabinet]

sala (f) de entrada	esik	[esik]
banheiro (m)	vannituba	[ʋannituba]
lavabo (m)	tualett	[tualett]

teto (m)	lagi	[lagi]
chão, piso (m)	põrand	[pɜrant]
canto (m)	nurk	[nurk]

64. Mobiliário. Interior

mobiliário (m)	mööbel	[mø:belʲ]
mesa (f)	laud	[laut]
cadeira (f)	tool	[to:lʲ]
cama (f)	voodi	[ʋo:di]

| sofá, divã (m) | diivan | [di:ʋan] |
| poltrona (f) | tugitool | [tugito:lʲ] |

| estante (f) | raamatukapp | [ra:matukapp] |
| prateleira (f) | raamaturiiul | [ra:maturi:ulʲ] |

guarda-roupas (m)	riidekapp	[ri:dekapp]
cabide (m) de parede	varn	[ʋarn]
cabideiro (m) de pé	nagi	[nagi]

| cômoda (f) | kummut | [kummut] |
| mesinha (f) de centro | diivanilaud | [di:ʋanilaut] |

espelho (m)	peegel	[pe:gelʲ]
tapete (m)	vaip	[ʋaip]
tapete (m) pequeno	uksematt	[uksematt]

lareira (f)	kamin	[kamin]
vela (f)	küünal	[kʉ:nalʲ]
castiçal (m)	küünlajalg	[kʉ:nlajalʲg]

cortinas (f pl)	külgkardinad	[kʉlʲgkardinat]
papel (m) de parede	tapeet	[tape:t]
persianas (f pl)	ribakardinad	[ribakardinat]

| luminária (f) de mesa | laualamp | [laualamp] |
| luminária (f) de parede | valgusti | [ʋalʲgusˈti] |

| abajur (m) de pé | põrandalamp | [pɜrandalamp] |
| lustre (m) | lühter | [lʉhter] |

pé (de mesa, etc.)	jalg	[jalʲg]
braço, descanso (m)	käetugi	[kæetugi]
costas (f pl)	seljatugi	[seljatugi]
gaveta (f)	sahtel	[sahtelʲ]

65. Quarto de dormir

roupa (f) de cama	voodipesu	[υo:dipesu]
travesseiro (m)	padi	[padi]
fronha (f)	padjapüür	[padjapʉ:r]
cobertor (m)	tekk	[tekk]
lençol (m)	voodilina	[υo:dilina]
colcha (f)	voodikate	[υo:dikate]

66. Cozinha

cozinha (f)	köök	[kø:k]
gás (m)	gaas	[ga:s]
fogão (m) a gás	gaasipliit	[ga:sipli:t]
fogão (m) elétrico	elektripliit	[elektripli:t]
forno (m)	praeahi	[praeahi]
forno (m) de micro-ondas	mikrolaineahi	[mikrolaineahi]
geladeira (f)	külmkapp	[kʉlʲmkapp]
congelador (m)	jääkapp	[jæ:kapp]
máquina (f) de lavar louça	nõudepesumasin	[nɜudepesumasin]
moedor (m) de carne	hakklihamasin	[hakklihamasin]
espremedor (m)	mahlapress	[mahlapress]
torradeira (f)	röster	[røsʲter]
batedeira (f)	mikser	[mikser]
máquina (f) de café	kohvikeetja	[kohυike:tja]
cafeteira (f)	kohvikann	[kohυikann]
moedor (m) de café	kohviveski	[kohυiυeski]
chaleira (f)	veekeetja	[υe:ke:tja]
bule (m)	teekann	[te:kann]
tampa (f)	kaas	[ka:s]
coador (m) de chá	teesõel	[te:sɜelʲ]
colher (f)	lusikas	[lusikas]
colher (f) de chá	teelusikas	[te:lusikas]
colher (f) de sopa	supilusikas	[supilusikas]
garfo (m)	kahvel	[kahυelʲ]
faca (f)	nuga	[nuga]
louça (f)	toidunõud	[tojdunɜut]
prato (m)	taldrik	[talʲdrik]
pires (m)	alustass	[alusʲtass]
cálice (m)	napsiklaas	[napsikla:s]
copo (m)	klaas	[kla:s]
xícara (f)	tass	[tass]
açucareiro (m)	suhkrutoos	[suhkruto:s]
saleiro (m)	soolatoos	[so:lato:s]
pimenteiro (m)	pipratops	[pipratops]

manteigueira (f)	võitoos	[ʊɜito:s]
panela (f)	pott	[pott]
frigideira (f)	pann	[pann]
concha (f)	supikulp	[supikulʲp]
coador (m)	kurnkopsik	[kurnkopsik]
bandeja (f)	kandik	[kandik]

garrafa (f)	pudel	[pudelʲ]
pote (m) de vidro	klaaspurk	[kla:spurk]
lata (~ de cerveja)	plekkpurk	[plekkpurk]

abridor (m) de garrafa	pudeliavaja	[pudeliaʊaja]
abridor (m) de latas	konserviavaja	[konserʊiaʊaja]
saca-rolhas (m)	korgitser	[korgitser]
filtro (m)	filter	[filʲter]
filtrar (vt)	filteerima	[filʲtre:rima]

lixo (m)	prügi	[prʉgi]
lixeira (f)	prügiämber	[prʉgiæmber]

67. Casa de banho

banheiro (m)	vannituba	[ʊannituba]
água (f)	vesi	[ʊesi]
torneira (f)	kraan	[kra:n]
água (f) quente	soe vesi	[soe ʊesi]
água (f) fria	külm vesi	[kʉlʲm ʊesi]

pasta (f) de dente	hambapasta	[hambapasʲta]
escovar os dentes	hambaid pesema	[hambait pesema]
escova (f) de dente	hambahari	[hambahari]

barbear-se (vr)	habet ajama	[habet ajama]
espuma (f) de barbear	habemeajamiskreem	[habemeajamiskre:m]
gilete (f)	pardel	[pardelʲ]

lavar (vt)	pesema	[pesema]
tomar banho	ennast pesema	[ennasʲt pesema]
chuveiro (m), ducha (f)	dušš	[duʃʃ]
tomar uma ducha	duši all käima	[duʃi alʲ kæjma]

banheira (f)	vann	[ʊann]
vaso (m) sanitário	WC-pott	[ʊetse pott]
pia (f)	kraanikauss	[kra:nikauss]

sabonete (m)	seep	[se:p]
saboneteira (f)	seebikarp	[se:bikarp]

esponja (f)	nuustik	[nu:sʲtik]
xampu (m)	šampoon	[ʃampo:n]
toalha (f)	käterätik	[kæterætik]
roupão (m) de banho	hommikumantel	[hommikumantelʲ]
lavagem (f)	pesupesemine	[pesupesemine]
lavadora (f) de roupas	pesumasin	[pesumasin]

| lavar a roupa | **pesu pesema** | [pesu pesema] |
| detergente (m) | **pesupulber** | [pesupulʲber] |

68. Eletrodomésticos

televisor (m)	**televiisor**	[televi:sor]
gravador (m)	**magnetofon**	[magnetofon]
videogravador (m)	**videomagnetofon**	[videomagnetofon]
rádio (m)	**raadio**	[ra:dio]
leitor (m)	**pleier**	[plejer]

projetor (m)	**videoprojektor**	[videoprojektor]
cinema (m) em casa	**kodukino**	[kodukino]
DVD Player (m)	**DVD-mängija**	[dud-mængija]
amplificador (m)	**võimendi**	[vɜimendi]
console (f) de jogos	**mängukonsool**	[mængukonso:lʲ]

câmera (f) de vídeo	**videokaamera**	[videoka:mera]
máquina (f) fotográfica	**fotoaparaat**	[fotoapara:t]
câmera (f) digital	**fotokaamera**	[fotoka:mera]

aspirador (m)	**tolmuimeja**	[tolʲmuimeja]
ferro (m) de passar	**triikraud**	[tri:kraut]
tábua (f) de passar	**triikimislaud**	[tri:kimislaut]

telefone (m)	**telefon**	[telefon]
celular (m)	**mobiiltelefon**	[mobi:lʲtelefon]
máquina (f) de escrever	**kirjutusmasin**	[kirjutusmasin]
máquina (f) de costura	**õmblusmasin**	[ɜmblusmasin]

microfone (m)	**mikrofon**	[mikrofon]
fone (m) de ouvido	**kõrvaklapid**	[kɜruaklapit]
controle remoto (m)	**pult**	[pulʲt]

CD (m)	**CD-plaat**	[tsede pla:t]
fita (f) cassete	**kassett**	[kassett]
disco (m) de vinil	**heliplaat**	[helipla:t]

ATIVIDADES HUMANAS

Emprego. Negócios. Parte 1

69. Escritório. O trabalho no escritório

escritório (~ de advogados)	kontor	[kontor]
escritório (do diretor, etc.)	kabinet	[kabinet]
recepção (f)	vastuvõtulaud	[ʋasˈtuʊɜtulaut]
secretário (m)	sekretär	[sekretær]
diretor (m)	direktor	[direktor]
gerente (m)	juht	[juht]
contador (m)	raamatupidaja	[ra:matupidaja]
empregado (m)	töötaja	[tø:taja]
mobiliário (m)	mööbel	[mø:belʲ]
mesa (f)	laud	[laut]
cadeira (f)	tugitool	[tugito:lʲ]
gaveteiro (m)	kapp	[kapp]
cabideiro (m) de pé	nagi	[nagi]
computador (m)	arvuti	[arʊuti]
impressora (f)	printer	[printer]
fax (m)	faks	[faks]
fotocopiadora (f)	koopiamasin	[ko:piamasin]
papel (m)	paber	[paber]
artigos (m pl) de escritório	kantseleikaubad	[kantselejkaubat]
tapete (m) para mouse	hiirevaip	[hi:reʊaip]
folha (f)	leht	[leht]
pasta (f)	mapp	[mapp]
catálogo (m)	kataloog	[katalo:g]
lista (f) telefônica	teatmik	[teatmik]
documentação (f)	dokumendid	[dokumendit]
brochura (f)	brošüür	[broʃʉ:r]
panfleto (m)	lendleht	[lentleht]
amostra (f)	näidis	[næjdis]
formação (f)	treening	[tre:ning]
reunião (f)	nõupidamine	[nɜupidamine]
hora (f) de almoço	lõunavaheaeg	[lɜunaʊaheaeg]
fazer uma cópia	koopiat tegema	[ko:piat tegema]
tirar cópias	paljundama	[paljundama]
receber um fax	faksi saama	[faksi sa:ma]
enviar um fax	faksi saatma	[faksi sa:tma]
fazer uma chamada	helistama	[helisˈtama]

responder (vt)	vastama	[ʋasⁱtama]
passar (vt)	ühendama	[ʉhendama]

marcar (vt)	määrama	[mæ:rama]
demonstrar (vt)	demonstreerima	[demonsⁱtre:rima]
estar ausente	puuduma	[pu:duma]
ausência (f)	vahelejätmine	[ʋahelejætmine]

70. Processos negociais. Parte 1

negócio (m)	äri	[æri]
ocupação (f)	asi	[asi]
firma, empresa (f)	firma	[firma]
companhia (f)	kompanii	[kompani:]
corporação (f)	korporatsioon	[korporatsio:n]
empresa (f)	ettevõte	[etteʋɜte]
agência (f)	agentuur	[agentu:r]

acordo (documento)	leping	[leping]
contrato (m)	kontraht	[kontraht]
acordo (transação)	tehing	[tehing]
pedido (m)	tellimus	[telⁱimus]
termos (m pl)	tingimus	[tingimus]

por atacado	hulgi	[hulⁱgi]
por atacado (adj)	hulgi-	[hulⁱgi-]
venda (f) por atacado	hulgimüük	[hulⁱgimʉ:k]
a varejo	jae	[jae]
venda (f) a varejo	jaemüük	[jaemʉ:k]

concorrente (m)	konkurent	[konkurent]
concorrência (f)	konkurents	[konkurents]
competir (vi)	konkureerima	[konkure:rima]

sócio (m)	partner	[partner]
parceria (f)	partnerlus	[partnerlus]

crise (f)	kriis	[kri:s]
falência (f)	pankrot	[pankrot]
entrar em falência	pankrotistuma	[pankrotisⁱtuma]
dificuldade (f)	raskus	[raskus]
problema (m)	probleem	[proble:m]
catástrofe (f)	katastroof	[katasⁱtro:f]

economia (f)	majandus	[majandus]
econômico (adj)	majanduslik	[majanduslik]
recessão (f) econômica	majanduslangus	[majanduslangus]

objetivo (m)	eesmärk	[e:smærk]
tarefa (f)	ülesanne	[ʉlesanne]

comerciar (vi, vt)	kauplema	[kauplema]
rede (de distribuição)	võrk	[ʋɜrk]
estoque (m)	ladu	[ladu]

sortimento (m)	valik	[valik]
líder (m)	liider	[liːder]
grande (~ empresa)	suur	[suːr]
monopólio (m)	monopol	[monopolʲ]

teoria (f)	teooria	[teoːria]
prática (f)	praktika	[praktika]
experiência (f)	kogemus	[kogemus]
tendência (f)	trend	[trent]
desenvolvimento (m)	areng	[areng]

71. Processos negociais. Parte 2

| rentabilidade (f) | kasu | [kasu] |
| rentável (adj) | kasulik | [kasulik] |

delegação (f)	delegatsioon	[delegatsioːn]
salário, ordenado (m)	töötasu	[tøːtasu]
corrigir (~ um erro)	parandama	[parandama]
viagem (f) de negócios	lähetus	[lʲæhetus]
comissão (f)	komisjon	[komisjon]

controlar (vt)	kontrollima	[kontrolʲima]
conferência (f)	konverents	[konverents]
licença (f)	litsents	[litsents]
confiável (adj)	usaldusväärne	[usalʲdusʋæːrne]

empreendimento (m)	algatus	[alʲgatus]
norma (f)	norm	[norm]
circunstância (f)	asjaolu	[asjaolu]
dever (do empregado)	kohustus	[kohusʲtus]

empresa (f)	organisatsioon	[organisatsioːn]
organização (f)	korraldamine	[korralʲdamine]
organizado (adj)	organiseeritud	[organiseːritut]
anulação (f)	ärajätmine	[ærajætmine]
anular, cancelar (vt)	ära jätma	[æra jætma]
relatório (m)	aruanne	[aruanne]

patente (f)	patent	[patent]
patentear (vt)	patenti saama	[patenti saːma]
planejar (vt)	planeerima	[planeːrima]

bônus (m)	preemia	[preːmia]
profissional (adj)	professionaalne	[professionaːlʲne]
procedimento (m)	protseduur	[protseduːr]

examinar (~ a questão)	läbi vaatama	[lʲæbi ʋaːtama]
cálculo (m)	arvestus	[arʋesʲtus]
reputação (f)	reputatsioon	[reputatsioːn]
risco (m)	risk	[risk]

| dirigir (~ uma empresa) | juhtima | [juhtima] |
| informação (f) | andmed | [andmet] |

propriedade (f)	omand	[omant]
união (f)	liit	[li:t]

seguro (m) de vida	elukindlustus	[elukintlusitus]
fazer um seguro	kindlustama	[kintlusitama]
seguro (m)	kindlustus	[kintlusitus]

leilão (m)	oksjon	[oksjon]
notificar (vt)	teavitama	[teaʋitama]
gestão (f)	juhtimine	[juhtimine]
serviço (indústria de ~s)	teenus	[te:nus]

fórum (m)	foorum	[fo:rum]
funcionar (vi)	funktsioneerima	[funktsione:rima]
estágio (m)	etapp	[etapp]
jurídico, legal (adj)	juriidiline	[juri:diline]
advogado (m)	jurist	[jurisit]

72. Produção. Trabalhos

usina (f)	tehas	[tehas]
fábrica (f)	vabrik	[ʋabrik]
oficina (f)	tsehh	[tsehh]
local (m) de produção	tootmine	[to:tmine]

indústria (f)	tööstus	[tø:situs]
industrial (adj)	tööstuslik	[tø:situslik]
indústria (f) pesada	rasketööstus	[rasketø:situs]
indústria (f) ligeira	kergetööstus	[kergetø:situs]

produção (f)	toodang	[to:dang]
produzir (vt)	tootma	[to:tma]
matérias-primas (f pl)	tooraine	[to:raine]

chefe (m) de obras	brigadir	[brigadir]
equipe (f)	brigaad	[briga:t]
operário (m)	tööline	[tø:line]

dia (m) de trabalho	tööpäev	[tø:pæeʋ]
intervalo (m)	seisak	[sejsak]
reunião (f)	koosolek	[ko:solek]
discutir (vt)	arutama	[arutama]

plano (m)	plaan	[pla:n]
cumprir o plano	plaani täitma	[pla:ni tæjtma]
taxa (f) de produção	norm	[norm]
qualidade (f)	kvaliteet	[kʋalite:t]
controle (m)	kontroll	[kontrolʲ]
controle (m) da qualidade	kvaliteedikontroll	[kʋalite:dikontrolʲ]

segurança (f) no trabalho	tööohutus	[tø:ohutus]
disciplina (f)	distsipliin	[disitsipli:n]
infração (f)	rikkumine	[rikkumine]
violar (as regras)	rikkuma	[rikkuma]

greve (f)	streik	[sⁱtrejk]
grevista (m)	streikija	[sⁱtrejkija]
estar em greve	streikima	[sⁱtrejkima]
sindicato (m)	ametiühing	[ametiʉhing]

inventar (vt)	leiutama	[lejutama]
invenção (f)	leiutis	[lejutis]
pesquisa (f)	uurimine	[u:rimine]
melhorar (vt)	parendama	[parendama]
tecnologia (f)	tehnoloogia	[tehnolo:gia]
desenho (m) técnico	joonis	[jo:nis]

carga (f)	koorem	[ko:rem]
carregador (m)	laadija	[la:dija]
carregar (o caminhão, etc.)	laadima	[la:dima]
carregamento (m)	laadimine	[la:dimine]
descarregar (vt)	maha laadima	[maha la:dima]
descarga (f)	mahalaadimine	[mahala:dimine]

transporte (m)	transport	[transport]
companhia (f) de transporte	transpordikompanii	[transpordikompani:]
transportar (vt)	transportima	[transportima]

vagão (m) de carga	vagun	[ʋagun]
tanque (m)	tsistern	[tsisⁱtern]
caminhão (m)	veoauto	[ʋeoauto]

máquina (f) operatriz	tööpink	[tø:pink]
mecanismo (m)	mehhanism	[mehhanism]

resíduos (m pl) industriais	jäätmed	[jæ:tmet]
embalagem (f)	pakkimine	[pakkimine]
embalar (vt)	pakkima	[pakkima]

73. Contrato. Acordo

contrato (m)	kontraht	[kontraht]
acordo (m)	kokkulepe	[kokkulepe]
adendo, anexo (m)	lisa	[lisa]

assinar o contrato	kontrahti sõlmima	[kontrahti s3lⁱmima]
assinatura (f)	allkiri	[alⁱkiri]
assinar (vt)	allkirjastama	[alⁱkirjasⁱtama]
carimbo (m)	pitsat	[pitsat]

objeto (m) do contrato	lepingu objekt	[lepingu objekt]
cláusula (f)	punkt	[punkt]
partes (f pl)	osapooled	[osapo:let]
domicílio (m) legal	juriidiline aadress	[juri:diline a:dress]

violar o contrato	kontrahti rikkuma	[kontrahti rikkuma]
obrigação (f)	kohustus	[kohusⁱtus]
responsabilidade (f)	vastutus	[ʋasⁱtutus]
força (f) maior	vääramatu jõud	[ʋæ:ramatu j3ut]

| litígio (m), disputa (f) | vaidlus | [ʋaitlus] |
| multas (f pl) | karistusmeetmed | [karisˈtusme:tmet] |

74. Importação & Exportação

importação (f)	sissevedu	[sisseʋedu]
importador (m)	sissevedaja	[sisseʋedaja]
importar (vt)	sisse vedama	[sisse ʋedama]
de importação	sissevedu	[sisseʋedu]

exportação (f)	eksport	[eksport]
exportador (m)	eksportöör	[eksportø:r]
exportar (vt)	eksportima	[eksportima]
de exportação	ekspordi-	[ekspordi-]

| mercadoria (f) | kaup | [kaup] |
| lote (de mercadorias) | partii | [parti:] |

peso (m)	kaal	[ka:lʲ]
volume (m)	maht	[maht]
metro (m) cúbico	kuupmeeter	[ku:pme:ter]

produtor (m)	tootja	[to:tja]
companhia (f) de transporte	transpordikompanii	[transpordikompani:]
contêiner (m)	konteiner	[kontejner]

fronteira (f)	riigipiir	[ri:gipi:r]
alfândega (f)	toll	[tolʲ]
taxa (f) alfandegária	tollilõiv	[tolʲilɜiʋ]
funcionário (m) da alfândega	tolliametnik	[tolʲiametnik]
contrabando (atividade)	salakaubandus	[salakaubandus]
contrabando (produtos)	salakaup	[salakaup]

75. Finanças

ação (f)	aktsia	[aktsia]
obrigação (f)	obligatsioon	[obligatsio:n]
nota (f) promissória	veksel	[ʋekselʲ]

| bolsa (f) de valores | börs | [børs] |
| cotação (m) das ações | aktsiate kurss | [aktsiate kurss] |

| tornar-se mais barato | odavnema | [odaʋnema] |
| tornar-se mais caro | kallinema | [kalʲinema] |

parte (f)	osak	[osak]
participação (f) majoritária	kontrollpakk	[kontrolʲpakk]
investimento (m)	investeeringud	[inʋesˈte:ringut]
investir (vt)	investeerima	[inʋesˈte:rima]
porcentagem (f)	protsent	[protsent]
juros (m pl)	protsendid	[protsendit]
lucro (m)	kasum	[kasum]

lucrativo (adj)	kasumiga	[kasumiga]
imposto (m)	maks	[maks]
divisa (f)	valuuta	[ʋalu:ta]
nacional (adj)	rahvuslik	[rahʋuslik]
câmbio (m)	vahetus	[ʋahetus]
contador (m)	raamatupidaja	[ra:matupidaja]
contabilidade (f)	raamatupidamine	[ra:matupidamine]
falência (f)	pankrot	[pankrot]
falência, quebra (f)	nurjumine	[nurjumine]
ruína (f)	laostumine	[laosʲtumine]
estar quebrado	laostuma	[laosʲtuma]
inflação (f)	inflatsioon	[inflatsio:n]
desvalorização (f)	devalvatsioon	[deʋalʲʋatsio:n]
capital (m)	kapital	[kapitalʲ]
rendimento (m)	tulu	[tulu]
volume (m) de negócios	käive	[kæjʋe]
recursos (m pl)	ressursid	[ressursit]
recursos (m pl) financeiros	rahalised vahendid	[rahaliset ʋahendit]
despesas (f pl) gerais	üldkulud	[ɨlʲdkulut]
reduzir (vt)	vähendama	[ʋæhendama]

76. Marketing

marketing (m)	turu-uurimine	[turu-u:rimine]
mercado (m)	turg	[turg]
segmento (m) do mercado	turuosa	[turuosa]
produto (m)	toode	[to:de]
mercadoria (f)	kaup	[kaup]
marca (f)	bränd	[brænt]
marca (f) registrada	kaubamärk	[kaubamærk]
logotipo (m)	firmamärk	[firmamærk]
logo (m)	logotüüp	[logotɨ:p]
demanda (f)	nõudmine	[nɜudmine]
oferta (f)	pakkumine	[pakkumine]
necessidade (f)	vajadus	[ʋajadus]
consumidor (m)	tarbija	[tarbija]
análise (f)	analüüs	[analɨ:s]
analisar (vt)	analüüsima	[analɨ:sima]
posicionamento (m)	positsioneerimine	[positsione:rimine]
posicionar (vt)	positsioneerima	[positsione:rima]
preço (m)	hind	[hint]
política (f) de preços	hinnapoliitika	[hinnapoli:tika]
formação (f) de preços	hinnakujundamine	[hinnakujundamine]

77. Publicidade

publicidade (f)	reklaam	[rekla:m]
fazer publicidade	reklaamima	[rekla:mima]
orçamento (m)	eelarve	[e:larʋe]

anúncio (m)	reklaam	[rekla:m]
publicidade (f) na TV	telereklaam	[telerekla:m]
publicidade (f) na rádio	raadioreklaam	[ra:diorekla:m]
publicidade (f) exterior	välisreklaam	[ʋælisrekla:m]

comunicação (f) de massa	massiteabevahendid	[massiteabeʋahendit]
periódico (m)	perioodilised väljaanded	[perio:diliset ʋælja:ndet]
imagem (f)	imago	[imago]

slogan (m)	loosung	[lo:sung]
mote (m), lema (f)	juhtlause	[juhtlause]

campanha (f)	kampaania	[kampa:nia]
campanha (f) publicitária	reklaamikampaania	[rekla:mikampa:nia]
grupo (m) alvo	huvirühm	[huʋirɥhm]

cartão (m) de visita	visiitkaart	[ʋisi:tka:rt]
panfleto (m)	lendleht	[lentleht]
brochura (f)	brošüür	[broʃɥ:r]
folheto (m)	buklett	[buklett]
boletim (~ informativo)	bülletään	[bɥlʲetæ:n]

letreiro (m)	silt	[silʲt]
cartaz, pôster (m)	plakat	[plakat]
painel (m) publicitário	reklaamtahvel	[rekla:mtahʋelʲ]

78. Banca

banco (m)	pank	[pank]
balcão (f)	osakond	[osakont]

consultor (m) bancário	konsultant	[konsulʲtant]
gerente (m)	juhataja	[juhataja]

conta (f)	pangakonto	[pangakonto]
número (m) da conta	arve number	[arʋe number]
conta (f) corrente	jooksev arve	[jo:kseʋ arʋe]
conta (f) poupança	kogumisarve	[kogumisarʋe]

abrir uma conta	arvet avama	[arʋet aʋama]
fechar uma conta	arvet lõpetama	[arʋet lɔpetama]
depositar na conta	arvele panema	[arʋele panema]
sacar (vt)	arvelt võtma	[arʋelʲt ʋɔtma]

depósito (m)	hoius	[hojus]
fazer um depósito	hoiust tegema	[hojusʲt tegema]
transferência (f) bancária	ülekanne	[ɥlekanne]

transferir (vt)	üle kandma	[ɥle kandma]
soma (f)	summa	[summa]
Quanto?	Kui palju?	[kui palju?]
assinatura (f)	allkiri	[alʲkiri]
assinar (vt)	allkirjastama	[alʲkirjasʲtama]
cartão (m) de crédito	krediidikaart	[kredi:dika:rt]
senha (f)	kood	[ko:t]
número (m) do cartão de crédito	krediidikaardi number	[kredi:dika:rdi number]
caixa (m) eletrônico	pangaautomaat	[panga:utoma:t]
cheque (m)	tšekk	[tʃekk]
passar um cheque	tšekki välja kirjutama	[tʃekki vælja kirjutama]
talão (m) de cheques	tšekiraamat	[tʃekira:mat]
empréstimo (m)	pangalaen	[pangalaen]
pedir um empréstimo	laenu taotlema	[laenu taotlema]
obter empréstimo	laenu võtma	[laenu vɜtma]
dar um empréstimo	laenu andma	[laenu andma]
garantia (f)	tagatis	[tagatis]

79. Telefone. Conversação telefônica

telefone (m)	telefon	[telefon]
celular (m)	mobiiltelefon	[mobi:lʲtelefon]
secretária (f) eletrônica	automaatvastaja	[automa:tvasʲtaja]
fazer uma chamada	helistama	[helisʲtama]
chamada (f)	telefonihelin	[telefonihelin]
discar um número	numbrit valima	[numbrit valima]
Alô!	hallo!	[halʲo!]
perguntar (vt)	küsima	[kɥsima]
responder (vt)	vastama	[vasʲtama]
ouvir (vt)	kuulma	[ku:lʲma]
bem	hästi	[hæsʲti]
mal	halvasti	[halʲvasʲti]
ruído (m)	häired	[hæjret]
fone (m)	telefonitoru	[telefonitoru]
pegar o telefone	toru hargilt võtma	[toru hargilʲt vɜtma]
desligar (vi)	toru hargile panema	[toru hargile panema]
ocupado (adj)	liin on kinni	[li:n on kinni]
tocar (vi)	telefon heliseb	[telefon heliseb]
lista (f) telefônica	telefoniraamat	[telefonira:mat]
local (adj)	kohalik	[kohalik]
chamada (f) local	kohalik kõne	[kohalik kɜne]
de longa distância	kauge-	[kauge-]
chamada (f) de longa distância	kaugekõne	[kaugekɜne]

| internacional (adj) | rahvusvaheline | [rahʋusʋaheline] |
| chamada (f) internacional | rahvusvaheline kõne | [rahʋusʋaheline kɜne] |

80. Telefone móvel

celular (m)	mobiiltelefon	[mobi:lᶦtelefon]
tela (f)	kuvar	[kuʋar]
botão (m)	nupp	[nupp]
cartão SIM (m)	SIM-kaart	[sim-ka:rt]

bateria (f)	patarei	[patarej]
descarregar-se (vr)	tühjaks minema	[tʉhjaks minema]
carregador (m)	laadimisseade	[la:dimisseade]

| menu (m) | menüü | [menʉ:] |
| configurações (f pl) | häälestused | [hæ:lesᶦtuset] |

| melodia (f) | viis | [ʋi:s] |
| escolher (vt) | valima | [ʋalima] |

calculadora (f)	kalkulaator	[kalᶦkula:tor]
correio (m) de voz	automaatvastaja	[automa:tʋasᶦtaja]
despertador (m)	äratuskell	[æratuskelᶦ]
contatos (m pl)	telefoniraamat	[telefonira:mat]

| mensagem (f) de texto | SMS-sõnum | [sms-sɜnum] |
| assinante (m) | abonent | [abonent] |

81. Estacionário

| caneta (f) | pastakas | [pasᶦtakas] |
| caneta (f) tinteiro | sulepea | [sulepea] |

lápis (m)	pliiats	[pli:ats]
marcador (m) de texto	marker	[marker]
caneta (f) hidrográfica	viltpliiats	[ʋilᶦtpli:ats]

| bloco (m) de notas | klade | [klade] |
| agenda (f) | päevik | [pæeʋik] |

régua (f)	joonlaud	[jo:nlaut]
calculadora (f)	kalkulaator	[kalᶦkula:tor]
borracha (f)	kustutuskumm	[kusᶦtutuskumm]

| alfinete (m) | rõhknael | [rɜhknaelᶦ] |
| clipe (m) | kirjaklamber | [kirjaklamber] |

| cola (f) | liim | [li:m] |
| grampeador (m) | stepler | [sᶦtepler] |

| furador (m) de papel | auguraud | [auguraut] |
| apontador (m) | pliiatsiteritaja | [pli:atsiteritaja] |

82. Tipos de negócios

serviços (m pl) de contabilidade	raamatupidamisteenused	[ra:matupidamisⁱte:nuset]
publicidade (f)	reklaam	[rekla:m]
agência (f) de publicidade	reklaamiagentuur	[rekla:miagentu:r]
ar (m) condicionado	konditsioneerid	[konditsione:rit]
companhia (f) aérea	lennukompanii	[lennukompani:]
bebidas (f pl) alcoólicas	alkohoolsed joogid	[alⁱkoho:lⁱset jo:git]
comércio (m) de antiguidades	antikvariaat	[antikʋaria:t]
galeria (f) de arte	galerii	[galeri:]
serviços (m pl) de auditoria	audititeenused	[auditite:nuset]
negócios (m pl) bancários	pangandus	[pangandus]
bar (m)	baar	[ba:r]
salão (m) de beleza	ilusalong	[ilusalong]
livraria (f)	raamatukauplus	[ra:matukauplus]
cervejaria (f)	õlletehas	[ɜlⁱetehas]
centro (m) de escritórios	ärikeskus	[ærikeskus]
escola (f) de negócios	majanduskool	[majandusko:lⁱ]
cassino (m)	kasiino	[kasi:no]
construção (f)	ehitus	[ehitus]
consultoria (f)	konsulteerimine	[konsulⁱte:rimine]
clínica (f) dentária	stomatoloogia	[sⁱtomatolo:gia]
design (m)	disain	[disain]
drogaria (f)	apteek	[apte:k]
lavanderia (f)	keemiline puhastus	[ke:miline puhasⁱtus]
agência (f) de emprego	kaadriagentuur	[ka:driagentu:r]
serviços (m pl) financeiros	finantsteenused	[finantsⁱte:nuset]
alimentos (m pl)	toiduained	[tojduainet]
funerária (f)	matusebüroo	[matusebʉro:]
mobiliário (m)	mööbel	[mø:belⁱ]
roupa (f)	riided	[ri:det]
hotel (m)	hotell	[hotelⁱ]
sorvete (m)	jäätis	[jæ:tis]
indústria (f)	tööstus	[tø:sⁱtus]
seguro (~ de vida, etc.)	kindlustus	[kintlusⁱtus]
internet (f)	internet	[internet]
investimento (m)	investeeringud	[inʋesⁱte:ringut]
joalheiro (m)	juveliir	[juʋeli:r]
joias (f pl)	juveelikaubad	[juʋe:likaubat]
lavanderia (f)	pesumaja	[pesumaja]
assessorias (f pl) jurídicas	õigusabi	[ɜigusabi]
indústria (f) ligeira	kergetööstus	[kergetø:sⁱtus]
revista (f)	ajakiri	[ajakiri]
vendas (f pl) por catálogo	kataloogikaubandus	[katalo:gikaubandus]
medicina (f)	meditsiin	[meditsi:n]
cinema (m)	kino	[kino]

museu (m)	muuseum	[mu:seum]
agência (f) de notícias	teadete agentuur	[teadete agentu:r]
jornal (m)	ajaleht	[ajaleht]
boate (casa noturna)	ööklubi	[ø:klubi]

petróleo (m)	nafta	[nafta]
serviços (m pl) de remessa	kulleriteenistus	[kulʲerite:nisʲtus]
indústria (f) farmacêutica	farmaatsia	[farma:tsia]
tipografia (f)	polügraafia	[polʉgra:fia]
editora (f)	kirjastus	[kirjasʲtus]

rádio (m)	raadio	[ra:dio]
imobiliário (m)	kinnisvara	[kinnisʋara]
restaurante (m)	restoran	[resʲtoran]

empresa (f) de segurança	turvafirma	[turʋafirma]
esporte (m)	sport	[sport]
bolsa (f) de valores	börs	[børs]
loja (f)	kauplus	[kauplus]
supermercado (m)	supermarket	[supermarket]
piscina (f)	bassein	[bassejn]

alfaiataria (f)	ateljee	[atelje:]
televisão (f)	televisioon	[teleʋisio:n]
teatro (m)	teater	[teater]
comércio (m)	kaubandus	[kaubandus]
serviços (m pl) de transporte	kaubavedu	[kaubaʋedu]
viagens (f pl)	turism	[turism]

veterinário (m)	loomaarst	[lo:ma:rsʲt]
armazém (m)	ladu	[ladu]
recolha (f) do lixo	prügivedu	[prʉgiʋedu]

Emprego. Negócios. Parte 2

83. Espetáculo. Feira

feira, exposição (f)	näitus	[næjtus]
feira (f) comercial	kaubandusnäitus	[kaubandusnæjtus]
participação (f)	osavõtt	[osaʋɜtt]
participar (vi)	osa võtma	[osa ʋɜtma]
participante (m)	osavõtja	[osaʋɜtja]
diretor (m)	direktor	[direktor]
direção (f)	korraldajate kontor	[korralʲdajate kontor]
organizador (m)	korraldaja	[korralʲdaja]
organizar (vt)	korraldama	[korralʲdama]
ficha (f) de inscrição	osavõtuavaldus	[osaʋɜtuaʋalʲdus]
preencher (vt)	täitma	[tæjtma]
detalhes (m pl)	üksikasjad	[ɯksikasjat]
informação (f)	teave	[teaʋe]
preço (m)	hind	[hint]
incluindo	kaasa arvatud	[ka:sa arʋatut]
incluir (vt)	sisaldama	[sisalʲdama]
pagar (vt)	maksma	[maksma]
taxa (f) de inscrição	registreerimistasu	[regisʲtre:rimisʲtasu]
entrada (f)	sissepääs	[sissepæ:s]
pavilhão (m), salão (f)	paviljon	[paʋiljon]
inscrever (vt)	registreerima	[regisʲtre:rima]
crachá (m)	nimesilt	[nimesilʲt]
stand (m)	stend	[sʲtent]
reservar (vt)	reserveerima	[reserʋe:rima]
vitrine (f)	vitriin	[ʋitri:n]
lâmpada (f)	lamp	[lamp]
design (m)	disain	[disain]
pôr (posicionar)	paigutama	[paigutama]
ser colocado, -a	paigaldama	[paigalʲdama]
distribuidor (m)	maaletooja	[ma:leto:ja]
fornecedor (m)	tarnija	[tarnija]
fornecer (vt)	tarnima	[tarnima]
país (m)	riik	[ri:k]
estrangeiro (adj)	välismaine	[ʋælismaine]
produto (m)	toode	[to:de]
associação (f)	assotsiatsioon	[assotsiatsio:n]
sala (f) de conferência	konverentsisaal	[konʋerentsisa:lʲ]

| congresso (m) | kongress | [kongress] |
| concurso (m) | konkurss | [konkurss] |

visitante (m)	külastaja	[kʉlasʲtaja]
visitar (vt)	külastama	[kʉlasʲtama]
cliente (m)	tellija	[telʲija]

84. Ciência. Investigação. Cientistas

ciência (f)	teadus	[teadus]
científico (adj)	teaduslik	[teaduslik]
cientista (m)	teadlane	[teatlane]
teoria (f)	teooria	[teo:ria]

axioma (m)	aksioom	[aksio:m]
análise (f)	analüüs	[analʉ:s]
analisar (vt)	analüüsima	[analʉ:sima]
argumento (m)	argument	[argument]
substância (f)	aine	[aine]

hipótese (f)	hüpotees	[hʉpote:s]
dilema (m)	dilemma	[dilemma]
tese (f)	väitekiri	[uæjtekiri]
dogma (m)	dogma	[dogma]

doutrina (f)	doktriin	[doktri:n]
pesquisa (f)	uurimine	[u:rimine]
pesquisar (vt)	uurima	[u:rima]
testes (m pl)	katse	[katse]
laboratório (m)	labor	[labor]

método (m)	meetod	[me:tot]
molécula (f)	molekul	[molekulʲ]
monitoramento (m)	seire	[sejre]
descoberta (f)	avastus	[auasʲtus]

postulado (m)	postulaat	[posʲtula:t]
princípio (m)	põhimõte	[pɜhimɜte]
prognóstico (previsão)	prognoos	[progno:s]
prognosticar (vt)	prognoosima	[progno:sima]

síntese (f)	süntees	[sʉnte:s]
tendência (f)	trend	[trent]
teorema (m)	teoreem	[teore:m]

ensinamentos (m pl)	õpetus	[ɜpetus]
fato (m)	tõsiasi	[tɜsiasi]
expedição (f)	ekspeditsioon	[ekspeditsio:n]
experiência (f)	eksperiment	[eksperiment]

acadêmico (m)	akadeemik	[akade:mik]
bacharel (m)	bakalaureus	[bakalaureus]
doutor (m)	doktor	[doktor]
professor (m) associado	dotsent	[dotsent]

mestrado (m)	**magister**	[magis¹ter]
professor (m)	**professor**	[professor]

Profissões e ocupações

85. Procura de emprego. Demissão

trabalho (m)	töö	[tø:]
equipe (f)	koosseis	[ko:ssejs]
pessoal (m)	personal	[personalʲ]
carreira (f)	karjäär	[karjæ:r]
perspectivas (f pl)	perspektiiv	[perspekti:ʊ]
habilidades (f pl)	meisterlikkus	[mejsʲterlikkus]
seleção (f)	valik	[ʋalik]
agência (f) de emprego	kaadriagentuur	[ka:driagentu:r]
currículo (m)	elulookirjeldus	[elulo:kirjelʲdus]
entrevista (f) de emprego	tööintervjuu	[tø:interʋju:]
vaga (f)	vakants	[ʋakants]
salário (m)	töötasu	[tø:tasu]
salário (m) fixo	palk	[palʲk]
pagamento (m)	maksmine	[maksmine]
cargo (m)	töökoht	[tø:koht]
dever (do empregado)	kohustus	[kohusʲtus]
gama (f) de deveres	kohustuste ring	[kohusʲtusʲte ring]
ocupado (adj)	hõivatud	[hɜiʋatut]
despedir, demitir (vt)	vallandama	[ʋalʲændama]
demissão (f)	vallandamine	[ʋalʲændamine]
desemprego (m)	tööpuudus	[tø:pu:dus]
desempregado (m)	töötu	[tø:tu]
aposentadoria (f)	pension	[pension]
aposentar-se (vr)	pensionile minema	[pensionile minema]

86. Gente de negócios

diretor (m)	direktor	[direktor]
gerente (m)	juhataja	[juhataja]
patrão, chefe (m)	juhataja	[juhataja]
superior (m)	ülemus	[ɥlemus]
superiores (m pl)	juhtkond	[juhtkont]
presidente (m)	president	[president]
chairman (m)	esimees	[esime:s]
substituto (m)	asetäitja	[asetæjtja]
assistente (m)	abi	[abi]

secretário (m)	sekretär	[sekretær]
secretário (m) pessoal	isiklik sekretär	[isiklik sekretær]

homem (m) de negócios	ärimees	[ærime:s]
empreendedor (m)	ettevõtja	[etteʋɜtja]
fundador (m)	rajaja	[rajaja]
fundar (vt)	rajama	[rajama]

principiador (m)	asutaja	[asutaja]
parceiro, sócio (m)	partner	[partner]
acionista (m)	aktsionär	[aktsionær]

milionário (m)	miljonär	[miljonær]
bilionário (m)	miljardär	[miljardær]
proprietário (m)	omanik	[omanik]
proprietário (m) de terras	maavaldaja	[ma:ʋalʲdaja]

cliente (m)	klient	[klient]
cliente (m) habitual	püsiklient	[pʉsiklient]
comprador (m)	ostja	[osʲtja]
visitante (m)	külastaja	[kʉlasʲtaja]

profissional (m)	professionaal	[professiona:lʲ]
perito (m)	ekspert	[ekspert]
especialista (m)	spetsialist	[spetsialisʲt]

banqueiro (m)	pankur	[pankur]
corretor (m)	vahendaja	[ʋahendaja]

caixa (m, f)	kassiir	[kassi:r]
contador (m)	raamatupidaja	[ra:matupidaja]
guarda (m)	turvamees	[turʋame:s]

investidor (m)	investeerija	[inʋesʲte:rija]
devedor (m)	võlgnik	[ʋɜlʲgnik]
credor (m)	võlausaldaja	[ʋɜlausalʲdaja]
mutuário (m)	laenaja	[laenaja]

importador (m)	sissevedaja	[sisseʋedaja]
exportador (m)	eksportöör	[eksportø:r]

produtor (m)	tootja	[to:tja]
distribuidor (m)	maaletooja	[ma:leto:ja]
intermediário (m)	vahendaja	[ʋahendaja]

consultor (m)	konsultant	[konsulʲtant]
representante comercial	esindaja	[esindaja]
agente (m)	agent	[agent]
agente (m) de seguros	kindlustusagent	[kintlusʲtusagent]

87. Profissões de serviços

cozinheiro (m)	kokk	[kokk]
chefe (m) de cozinha	peakokk	[peakokk]

padeiro (m)	**pagar**	[pagar]
barman (m)	**baarimees**	[ba:rime:s]
garçom (m)	**kelner**	[kelʲner]
garçonete (f)	**ettekandja**	[ettekandja]

advogado (m)	**advokaat**	[aduoka:t]
jurista (m)	**jurist**	[jurisʲt]
notário (m)	**notar**	[notar]

eletricista (m)	**elektrik**	[elektrik]
encanador (m)	**torulukksepp**	[torulukksepp]
carpinteiro (m)	**puussepp**	[pu:ssepp]

massagista (m)	**massöör**	[massø:r]
massagista (f)	**massöör**	[massø:r]
médico (m)	**arst**	[arsʲt]

taxista (m)	**taksojuht**	[taksojuht]
condutor (automobilista)	**autojuht**	[autojuht]
entregador (m)	**käskjalg**	[kæskjalʲg]

camareira (f)	**toatüdruk**	[toatɐdruk]
guarda (m)	**turvamees**	[turʋame:s]
aeromoça (f)	**stjuardess**	[sʲtjuardess]

professor (m)	**õpetaja**	[ɜpetaja]
bibliotecário (m)	**raamatukoguhoidja**	[ra:matukoguhojdja]
tradutor (m)	**tõlk**	[tɜlʲk]
intérprete (m)	**tõlk**	[tɜlʲk]
guia (m)	**giid**	[gi:t]

cabeleireiro (m)	**juuksur**	[ju:ksur]
carteiro (m)	**postiljon**	[posʲtiljon]
vendedor (m)	**müüja**	[mɐ:ja]

jardineiro (m)	**aednik**	[aednik]
criado (m)	**teener**	[te:ner]
criada (f)	**teenija**	[te:nija]
empregada (f) de limpeza	**koristaja**	[korisʲtaja]

88. Profissões militares e postos

soldado (m) raso	**reamees**	[reame:s]
sargento (m)	**seersant**	[se:rsant]
tenente (m)	**leitnant**	[lejtnant]
capitão (m)	**kapten**	[kapten]

major (m)	**major**	[major]
coronel (m)	**kolonel**	[kolonelʲ]
general (m)	**kindral**	[kindralʲ]
marechal (m)	**marssal**	[marssalʲ]
almirante (m)	**admiral**	[admiralʲ]
militar (m)	**sõjaväelane**	[sɜjaʋæəlane]
soldado (m)	**sõdur**	[sɜdur]

| oficial (m) | ohvitser | [ohʋitser] |
| comandante (m) | komandör | [komandør] |

guarda (m) de fronteira	piirivalvur	[pi:riʋalʲʊur]
operador (m) de rádio	radist	[radisʲt]
explorador (m)	luuraja	[lu:raja]
sapador-mineiro (m)	sapöör	[sapø:r]
atirador (m)	laskur	[laskur]
navegador (m)	tüürimees	[tʉ:rime:s]

89. Oficiais. Padres

| rei (m) | kuningas | [kuningas] |
| rainha (f) | kuninganna | [kuninganna] |

| príncipe (m) | prints | [prints] |
| princesa (f) | printsess | [printsess] |

| czar (m) | tsaar | [tsa:r] |
| czarina (f) | tsaarinna | [tsa:rinna] |

presidente (m)	president	[president]
ministro (m)	minister	[minisʲter]
primeiro-ministro (m)	peaminister	[peaminisʲter]
senador (m)	senaator	[sena:tor]

diplomata (m)	diplomaat	[diploma:t]
cônsul (m)	konsul	[konsulʲ]
embaixador (m)	suursaadik	[su:rsa:dik]
conselheiro (m)	nõunik	[nɜunik]

funcionário (m)	ametnik	[ametnik]
prefeito (m)	prefekt	[prefekt]
Presidente (m) da Câmara	linnapea	[linnapea]

| juiz (m) | kohtunik | [kohtunik] |
| procurador (m) | prokurör | [prokurør] |

missionário (m)	misjonär	[misjonær]
monge (m)	munk	[munk]
abade (m)	abee	[abe:]
rabino (m)	rabi	[rabi]

vizir (m)	vesiir	[ʋesi:r]
xá (m)	šahh	[ʃahh]
xeique (m)	šeih	[ʃejh]

90. Profissões agrícolas

abelheiro (m)	mesinik	[mesinik]
pastor (m)	karjus	[karjus]
agrônomo (m)	agronoom	[agrono:m]

| criador (m) de gado | loomakasvataja | [lo:makasʋataja] |
| veterinário (m) | loomaarst | [lo:ma:rsʲt] |

agricultor, fazendeiro (m)	talunik	[talunik]
vinicultor (m)	veinimeister	[ʋejnimejsʲter]
zoólogo (m)	zooloog	[zo:lo:g]
vaqueiro (m)	kauboi	[kauboj]

91. Profissões artísticas

| ator (m) | näitleja | [næjtleja] |
| atriz (f) | näitlejanna | [nnaitlejanna] |

| cantor (m) | laulja | [laulja] |
| cantora (f) | lauljanna | [lauljanna] |

| bailarino (m) | tantsija | [tantsija] |
| bailarina (f) | tantsijanna | [tantsijanna] |

| artista (m) | näitleja | [næjtleja] |
| artista (f) | näitlejanna | [nnaitlejanna] |

músico (m)	muusik	[mu:sik]
pianista (m)	pianist	[pianisʲt]
guitarrista (m)	kitarrist	[kitarrisʲt]

maestro (m)	dirigent	[dirigent]
compositor (m)	helilooja	[helilo:ja]
empresário (m)	impressaario	[impressa:rio]

diretor (m) de cinema	lavastaja	[laʋasʲtaja]
produtor (m)	produtsent	[produtsent]
roteirista (m)	stsenarist	[sʲtsenarisʲt]
crítico (m)	kriitik	[kri:tik]

escritor (m)	kirjanik	[kirjanik]
poeta (m)	luuletaja	[lu:letaja]
escultor (m)	skulptor	[skulʲptor]
pintor (m)	kunstnik	[kunsʲtnik]

malabarista (m)	žonglöör	[ʒonglø:r]
palhaço (m)	kloun	[kloun]
acrobata (m)	akrobaat	[akroba:t]
ilusionista (m)	mustkunstnik	[musʲtkunsʲtnik]

92. Várias profissões

médico (m)	arst	[arsʲt]
enfermeira (f)	medõde	[medɜde]
psiquiatra (m)	psühhiaater	[psɯhhia:ter]
dentista (m)	stomatoloog	[sʲtomatolo:g]
cirurgião (m)	kirurg	[kirurg]

astronauta (m)	**astronaut**	[asˈtronaut]
astrônomo (m)	**astronoom**	[asˈtrono:m]
piloto (m)	**lendur, piloot**	[lendur], [pilo:t]

motorista (m)	**autojuht**	[autojuht]
maquinista (m)	**vedurijuht**	[ʋedurijuht]
mecânico (m)	**mehaanik**	[meha:nik]

mineiro (m)	**kaevur**	[kaeʋur]
operário (m)	**tööline**	[tøːline]
serralheiro (m)	**lukksepp**	[lukksepp]
marceneiro (m)	**tisler**	[tisler]
torneiro (m)	**treial**	[trejalʲ]
construtor (m)	**ehitaja**	[ehitaja]
soldador (m)	**keevitaja**	[keːʋitaja]

professor (m)	**professor**	[professor]
arquiteto (m)	**arhitekt**	[arhitekt]
historiador (m)	**ajaloolane**	[ajalo:lane]
cientista (m)	**teadlane**	[teatlane]
físico (m)	**füüsik**	[fuˈsik]
químico (m)	**keemik**	[ke:mik]

arqueólogo (m)	**arheoloog**	[arheolo:g]
geólogo (m)	**geoloog**	[geolo:g]
pesquisador (cientista)	**uurija**	[u:rija]

babysitter, babá (f)	**lapsehoidja**	[lapsehojdja]
professor (m)	**pedagoog**	[pedago:g]

redator (m)	**toimetaja**	[tojmetaja]
redator-chefe (m)	**peatoimetaja**	[peatojmetaja]
correspondente (m)	**korrespondent**	[korrespondent]
datilógrafa (f)	**masinakirjutaja**	[masinakirjutaja]

designer (m)	**disainer**	[disainer]
especialista (m) em informática	**arvutispetsialist**	[arʋutispetsialisʲt]
programador (m)	**programmeerija**	[programme:rija]
engenheiro (m)	**insener**	[insener]

marujo (m)	**meremees**	[mereme:s]
marinheiro (m)	**madrus**	[madrus]
socorrista (m)	**päästja**	[pæːsʲtja]

bombeiro (m)	**tuletõrjuja**	[tuletɜrjuja]
polícia (m)	**politseinik**	[politsejnik]
guarda-noturno (m)	**valvur**	[ʋalʲʋur]
detetive (m)	**detektiiv**	[detekti:ʋ]

funcionário (m) da alfândega	**tolliametnik**	[tolʲiametnik]
guarda-costas (m)	**ihukaitsja**	[ihukaitsja]
guarda (m) prisional	**järelvaataja**	[jærelʲʋa:taja]
inspetor (m)	**inspektor**	[inspektor]
esportista (m)	**sportlane**	[sportlane]
treinador (m)	**treener**	[tre:ner]

açougueiro (m)	**lihunik**	[lihunik]
sapateiro (m)	**kingsepp**	[kingsepp]
comerciante (m)	**kaubareisija**	[kaubarejsija]
carregador (m)	**laadija**	[la:dija]

estilista (m)	**moekunstnik**	[moekunsʲtnik]
modelo (f)	**modell**	[modelʲ]

93. Ocupações. Estatuto social

estudante (~ de escola)	**kooliõpilane**	[ko:liɜpilane]
estudante (~ universitária)	**üliõpilane**	[ʉliɜpilane]

filósofo (m)	**filosoof**	[filoso:f]
economista (m)	**majandusteadlane**	[majandusʲteatlane]
inventor (m)	**leiutaja**	[lejutaja]

desempregado (m)	**töötu**	[tø:tu]
aposentado (m)	**pensionär**	[pensionær]
espião (m)	**spioon**	[spio:n]

preso, prisioneiro (m)	**vang**	[ʋang]
grevista (m)	**streikija**	[sʲtrejkija]
burocrata (m)	**bürokraat**	[bʉrokra:t]
viajante (m)	**rändur**	[rændur]

homossexual (m)	**homoseksualist**	[homoseksualisʲt]
hacker (m)	**häkker**	[hækker]

bandido (m)	**bandiit**	[bandi:t]
assassino (m)	**palgamõrvar**	[palʲgamɜrʋar]
drogado (m)	**narkomaan**	[narkoma:n]
traficante (m)	**narkokaupmees**	[narkokaupme:s]
prostituta (f)	**prostituut**	[prosʲtitu:t]
cafetão (m)	**sutenöör**	[sutenø:r]

bruxo (m)	**nõid**	[nɜit]
bruxa (f)	**nõiamoor**	[nɜiamo:r]
pirata (m)	**piraat**	[pira:t]
escravo (m)	**ori**	[ori]
samurai (m)	**samurai**	[samurai]
selvagem (m)	**metslane**	[metslane]

Educação

94. Escola

escola (f)	kool	[ko:lʲ]
diretor (m) de escola	koolidirektor	[ko:lidirektor]
aluno (m)	õpilane	[ɜpilane]
aluna (f)	õpilane	[ɜpilane]
estudante (m)	kooliõpilane	[ko:liɜpilane]
estudante (f)	koolitüdruk	[ko:litᵾdruk]
ensinar (vt)	õpetama	[ɜpetama]
aprender (vt)	õppima	[ɜppima]
decorar (vt)	pähe õppima	[pæhe ɜppima]
estudar (vi)	õppima	[ɜppima]
estar na escola	koolis käima	[ko:lis kæjma]
ir à escola	kooli minema	[ko:li minema]
alfabeto (m)	tähestik	[tæhesʲtik]
disciplina (f)	õppeaine	[ɜppeaine]
sala (f) de aula	klass	[klass]
lição, aula (f)	tund	[tunt]
recreio (m)	vahetund	[ʋahetunt]
toque (m)	kell	[kelʲ]
classe (f)	koolipink	[ko:lipink]
quadro (m) negro	tahvel	[tahʋelʲ]
nota (f)	hinne	[hinne]
boa nota (f)	hea hinne	[hea hinne]
nota (f) baixa	halb hinne	[halʲb hinne]
dar uma nota	hinnet panema	[hinnet panema]
erro (m)	viga	[ʋiga]
errar (vi)	vigu tegema	[ʋigu tegema]
corrigir (~ um erro)	parandama	[parandama]
cola (f)	spikker	[spikker]
dever (m) de casa	kodune ülesanne	[kodune ᵾlesanne]
exercício (m)	harjutus	[harjutus]
estar presente	kohal olema	[kohalʲ olema]
estar ausente	puuduma	[pu:duma]
faltar às aulas	puuduma koolist	[pu:duma ko:lisʲt]
punir (vt)	karistama	[karisʲtama]
punição (f)	karistus	[karisʲtus]
comportamento (m)	käitumine	[kæjtumine]

boletim (m) escolar	päevik	[pæeʋik]
lápis (m)	pliiats	[pli:ats]
borracha (f)	kustutuskumm	[kusʲtutuskumm]
giz (m)	kriit	[kri:t]
porta-lápis (m)	pinal	[pinalʲ]

mala, pasta, mochila (f)	portfell	[portfelʲ]
caneta (f)	sulepea	[sulepea]
caderno (m)	vihik	[ʋihik]
livro (m) didático	õpik	[ɜpik]
compasso (m)	sirkel	[sirkelʲ]

traçar (vt)	joonestama	[jo:nesʲtama]
desenho (m) técnico	joonis	[jo:nis]

poesia (f)	luuletus	[lu:letus]
de cor	peas olema	[peas olema]
decorar (vt)	pähe õppima	[pæhe ɜppima]

férias (f pl)	koolivaheaeg	[ko:liʋaheaeg]
estar de férias	koolivaheajal olema	[ko:liʋaheajalʲ olema]
passar as férias	puhkust veetma	[puhkusʲt ʋe:tma]

teste (m), prova (f)	kontrolltöö	[kontrolʲtø:]
redação (f)	kirjand	[kirjant]
ditado (m)	etteütlus	[etteʉtlus]
exame (m), prova (f)	eksam	[eksam]
fazer prova	eksamit sooritama	[eksamit so:ritama]
experiência (~ química)	katse	[katse]

95. Colégio. Universidade

academia (f)	akadeemia	[akade:mia]
universidade (f)	ülikool	[ʉliko:lʲ]
faculdade (f)	teaduskond	[teaduskont]

estudante (m)	üliõpilane	[ʉliɜpilane]
estudante (f)	üliõpilane	[ʉliɜpilane]
professor (m)	õppejõud	[ɜppejɜut]

auditório (m)	auditoorium	[audito:rium]
graduado (m)	ülikoolilõpetaja	[ʉliko:lilɜpetaja]

diploma (m)	diplom	[diplom]
tese (f)	väitekiri	[ʋæejtekiri]

estudo (obra)	teaduslik töö	[teaduslik tø:]
laboratório (m)	labor	[labor]

palestra (f)	loeng	[loeng]
colega (m) de curso	kursusekaaslane	[kursuseka:slane]

bolsa (f) de estudos	stipendium	[sʲtipendium]
grau (m) acadêmico	teaduslik kraad	[teaduslik kra:t]

96. Ciências. Disciplinas

matemática (f)	matemaatika	[matema:tika]
álgebra (f)	algebra	[alˈgebra]
geometria (f)	geomeetria	[geome:tria]
astronomia (f)	astronoomia	[asˈtrono:mia]
biologia (f)	bioloogia	[biolo:gia]
geografia (f)	geograafia	[geogra:fia]
geologia (f)	geoloogia	[geolo:gia]
história (f)	ajalugu	[ajalugu]
medicina (f)	meditsiin	[meditsi:n]
pedagogia (f)	pedagoogika	[pedago:gika]
direito (m)	õigus	[ɜigus]
física (f)	füüsika	[fʉ:sika]
química (f)	keemia	[ke:mia]
filosofia (f)	filosoofia	[filoso:fia]
psicologia (f)	psühholoogia	[psʉhholo:gia]

97. Sistema de escrita. Ortografia

gramática (f)	grammatika	[grammatika]
vocabulário (m)	sõnavara	[sɜnaʋara]
fonética (f)	foneetika	[fone:tika]
substantivo (m)	nimisõnad	[nimisɜnat]
adjetivo (m)	omadussõnad	[omadussɜnat]
verbo (m)	tegusõna	[tegusɜna]
advérbio (m)	määrsõna	[mæ:rsɜna]
pronome (m)	asesõna	[asesɜna]
interjeição (f)	hüüdsõna	[hʉ:dsɜna]
preposição (f)	eessõna	[e:ssɜna]
raiz (f)	sõna tüvi	[sɜna tʉʋi]
terminação (f)	lõpp	[lɜpp]
prefixo (m)	eesliide	[e:sli:de]
sílaba (f)	silp	[silˈp]
sufixo (m)	järelliide	[jærelˈi:de]
acento (m)	rõhk	[rɜhk]
apóstrofo (f)	apostroof	[aposˈtro:f]
ponto (m)	punkt	[punkt]
vírgula (f)	koma	[koma]
ponto e vírgula (m)	semikoolon	[semiko:lon]
dois pontos (m pl)	koolon	[ko:lon]
reticências (f pl)	kolmpunkt	[kolˈmpunkt]
ponto (m) de interrogação	küsimärk	[kʉsimærk]
ponto (m) de exclamação	hüüumärk	[hʉ:umærk]

aspas (f pl)	jutumärgid	[jutumærgit]
entre aspas	jutumärkides	[jutumærkides]
parênteses (m pl)	sulud	[sulut]
entre parênteses	sulgudes	[sulʲgudes]

hífen (m)	sidekriips	[sidekri:ps]
travessão (m)	mõttekriips	[mɜttekri:ps]
espaço (m)	sõnavahe	[sɜnaʊahe]

| letra (f) | täht | [tæht] |
| letra (f) maiúscula | suur algustäht | [su:r alʲgusʲtæht] |

| vogal (f) | täishäälik | [tæjshæ:lik] |
| consoante (f) | kaashäälik | [ka:shæ:lik] |

frase (f)	pakkumine	[pakkumine]
sujeito (m)	alus	[alus]
predicado (m)	öeldis	[øelʲdis]

linha (f)	rida	[rida]
em uma nova linha	uuelt realt	[u:elʲt realʲt]
parágrafo (m)	lõik	[lɜik]

palavra (f)	sõna	[sɜna]
grupo (m) de palavras	sõnaühend	[sɜnaʉhent]
expressão (f)	väljend	[ʊæljent]
sinônimo (m)	sünonüüm	[sʉnonʉ:m]
antônimo (m)	antonüüm	[antonʉ:m]

regra (f)	reegel	[re:gelʲ]
exceção (f)	erand	[erant]
correto (adj)	õige	[ɜige]

conjugação (f)	pööramine	[pø:ramine]
declinação (f)	käänamine	[kæ:namine]
caso (m)	kääne	[kæ:ne]
pergunta (f)	küsimus	[kʉsimus]
sublinhar (vt)	alla kriipsutama	[alʲæ kri:psutama]
linha (f) pontilhada	punktiir	[punkti:r]

98. Línguas estrangeiras

língua (f)	keel	[ke:lʲ]
estrangeiro (adj)	võõr-	[ʊɜ:r-]
língua (f) estrangeira	võõrkeel	[ʊɜ:rke:lʲ]
estudar (vt)	uurima	[u:rima]
aprender (vt)	õppima	[ɜppima]

ler (vt)	lugema	[lugema]
falar (vi)	rääkima	[ræ:kima]
entender (vt)	aru saama	[aru sa:ma]
escrever (vt)	kirjutama	[kirjutama]
rapidamente	kiiresti	[ki:resʲti]
devagar, lentamente	aeglaselt	[aeglaselʲt]

fluentemente	**vabalt**	[ʋabalʲt]
regras (f pl)	**reeglid**	[reːglit]
gramática (f)	**grammatika**	[grammatika]
vocabulário (m)	**sõnavara**	[sɜnaʋara]
fonética (f)	**foneetika**	[foneːtika]

livro (m) didático	**õpik**	[ɜpik]
dicionário (m)	**sõnaraamat**	[sɜnaraːmat]
manual (m) autodidático	**õpik iseõppijaile**	[ɜpik iseɜppijaile]
guia (m) de conversação	**vestmik**	[ʋesʲtmik]

fita (f) cassete	**kassett**	[kassett]
videoteipe (m)	**videokassett**	[ʋideokassett]
CD (m)	**CD-plaat**	[tsede plaːt]
DVD (m)	**DVD**	[dʊt]

alfabeto (m)	**tähestik**	[tæhesʲtik]
soletrar (vt)	**veerima**	[ʋeːrima]
pronúncia (f)	**hääldamine**	[hæːlʲdamine]

sotaque (m)	**aktsent**	[aktsent]
com sotaque	**aktsendiga**	[aktsendiga]
sem sotaque	**ilma aktsendita**	[ilʲma aktsendita]

palavra (f)	**sõna**	[sɜna]
sentido (m)	**mõiste**	[mɜisʲte]

curso (m)	**kursused**	[kursuset]
inscrever-se (vr)	**kirja panema**	[kirja panema]
professor (m)	**õppejõud**	[ɜppejɜut]

tradução (processo)	**tõlkimine**	[tɜlʲkimine]
tradução (texto)	**tõlge**	[tɜlʲge]
tradutor (m)	**tõlk**	[tɜlʲk]
intérprete (m)	**tõlk**	[tɜlʲk]

poliglota (m)	**polüglott**	[polʉglott]
memória (f)	**mälu**	[mælu]

Descanso. Entretenimento. Viagens

99. Viagens

turismo (m)	**turism**	[turism]
turista (m)	**turist**	[turisʲt]
viagem (f)	**reis**	[rejs]
aventura (f)	**seiklus**	[sejklus]
percurso (curta viagem)	**sõit**	[sɜit]
férias (f pl)	**puhkus**	[puhkus]
estar de férias	**puhkusel olema**	[puhkuselʲ olema]
descanso (m)	**puhkus**	[puhkus]
trem (m)	**rong**	[rong]
de trem (chegar ~)	**rongiga**	[rongiga]
avião (m)	**lennuk**	[lennuk]
de avião	**lennukiga**	[lennukiga]
de carro	**autoga**	[autoga]
de navio	**laevaga**	[laeʋaga]
bagagem (f)	**pagas**	[pagas]
mala (f)	**kohver**	[kohʋer]
carrinho (m)	**pagasikäru**	[pagasikæru]
passaporte (m)	**pass**	[pass]
visto (m)	**viisa**	[ʋiːsa]
passagem (f)	**pilet**	[pilet]
passagem (f) aérea	**lennukipilet**	[lennukipilet]
guia (m) de viagem	**teejuht**	[teːjuht]
mapa (m)	**kaart**	[kaːrt]
área (f)	**ala**	[ala]
lugar (m)	**koht**	[koht]
exotismo (m)	**eksootika**	[eksoːtika]
exótico (adj)	**eksootiline**	[eksoːtiline]
surpreendente (adj)	**üllatav**	[ʉlʲætaʊ]
grupo (m)	**grupp**	[grupp]
excursão (f)	**ekskursioon**	[ekskursioːn]
guia (m)	**ekskursioonijuht**	[ekskursioːnijuht]

100. Hotel

hotel (m)	**võõrastemaja**	[ʋɜːrasʲtemaja]
hospedaria (f)	**hotell**	[hotelʲ]
motel (m)	**motell**	[motelʲ]

três estrelas	kolm tärni	[kolʲm tærni]
cinco estrelas	viis tärni	[ʋiːs tærni]
ficar (vi, vt)	peatuma	[peatuma]

quarto (m)	number	[number]
quarto (m) individual	üheinimesetuba	[ʉhejnimesetuba]
quarto (m) duplo	kaheinimesetuba	[kahejnimesetuba]
reservar um quarto	tuba kinni panema	[tuba kinni panema]

meia pensão (f)	poolpansion	[poːlʲpansion]
pensão (f) completa	täispansion	[tæjspansion]
com banheira	vannitoaga	[ʋannitoaga]
com chuveiro	dušiga	[duʃiga]
televisão (m) por satélite	satelliittelevisioon	[satelʲiːtteleʋisioːn]
ar (m) condicionado	konditsioneer	[konditsioneːr]
toalha (f)	käterätik	[kæterætik]
chave (f)	võti	[ʋɔti]

administrador (m)	administraator	[administraːtor]
camareira (f)	toatüdruk	[toatʉdruk]
bagageiro (m)	pakikandja	[pakikandja]
porteiro (m)	uksehoidja	[uksehojdja]

restaurante (m)	restoran	[resʲtoran]
bar (m)	baar	[baːr]
café (m) da manhã	hommikusöök	[hommikusøːk]
jantar (m)	õhtusöök	[ɜhtusøːk]
bufê (m)	rootsi laud	[roːtsi laut]

| saguão (m) | vestibüül | [ʋesʲtibʉːlʲ] |
| elevador (m) | lift | [lift] |

| NÃO PERTURBE | **MITTE SEGADA** | [mitte segada] |
| PROIBIDO FUMAR! | **MITTE SUITSETADA!** | [mitte suitsetada!] |

EQUIPAMENTO TÉCNICO. TRANSPORTES

Equipamento técnico. Transportes

101. Computador

computador (m)	arvuti	[aruuti]
computador (m) portátil	sülearvuti	[sшlearuuti]
ligar (vt)	sisse lülitama	[sisse lшlitama]
desligar (vt)	välja lülitama	[uælja lшlitama]
teclado (m)	klaviatuur	[klauiatu:r]
tecla (f)	klahv	[klahu]
mouse (m)	hiir	[hi:r]
tapete (m) para mouse	hiirevaip	[hi:reuaip]
botão (m)	nupp	[nupp]
cursor (m)	kursor	[kursor]
monitor (m)	kuvar	[kuuar]
tela (f)	ekraan	[ekra:n]
disco (m) rígido	kõvaketas	[kɜuaketas]
capacidade (f) do disco rígido	kõvaketta mälumaht	[kɜuaketta mælumaht]
memória (f)	mälu	[mælu]
memória RAM (f)	operatiivmälu	[operati:umælu]
arquivo (m)	fail	[faiˡʲ]
pasta (f)	kataloog	[katalo:g]
abrir (vt)	avama	[auama]
fechar (vt)	sulgema	[sulʲgema]
salvar (vt)	salvestama	[salʲuesˡtama]
deletar (vt)	eemaldama	[e:malʲdama]
copiar (vt)	kopeerima	[kope:rima]
ordenar (vt)	sorteerima	[sorte:rima]
copiar (vt)	ümber kirjutama	[шmber kirjutama]
programa (m)	programm	[programm]
software (m)	tarkvara	[tarkuara]
programador (m)	programmeerija	[programme:rija]
programar (vt)	programmeerima	[programme:rima]
hacker (m)	häkker	[hækker]
senha (f)	parool	[paro:lʲ]
vírus (m)	viirus	[ui:rus]
detectar (vt)	avastama	[auasˡtama]
byte (m)	bait	[bait]

megabyte (m)	megabait	[megabait]
dados (m pl)	andmed	[andmet]
base (f) de dados	andmebaas	[andmeba:s]

cabo (m)	kaabel	[ka:belʲ]
desconectar (vt)	välja lülitama	[ʋælja lʉlitama]
conectar (vt)	ühendama	[ʉhendama]

102. Internet. E-mail

internet (f)	internet	[internet]
browser (m)	brauser	[brauser]
motor (m) de busca	otsimisressurss	[otsimisʀessurss]
provedor (m)	provaider	[proʋaider]

webmaster (m)	veebimeister	[ʋe:bimejsʲter]
website (m)	veebilehekülg	[ʋe:bilehekʉlʲg]
web page (f)	veebilehekülg	[ʋe:bilehekʉlʲg]

endereço (m)	aadress	[a:dress]
livro (m) de endereços	aadressiraamat	[a:dressira:mat]

caixa (f) de correio	postkast	[posʲtkasʲt]
correio (m)	post	[posʲt]
cheia (caixa de correio)	täis	[tæjs]

mensagem (f)	teade	[teade]
mensagens (f pl) recebidas	sissetulevad sõnumid	[sissetuleʋat sɜnumit]
mensagens (f pl) enviadas	väljaminevad sõnumid	[ʋæljamineʋat sɜnumit]
remetente (m)	saatja	[sa:tja]
enviar (vt)	saatma	[sa:tma]
envio (m)	saatmine	[sa:tmine]
destinatário (m)	saaja	[sa:ja]
receber (vt)	kätte saama	[kætte sa:ma]

correspondência (f)	kirjavahetus	[kirjaʋahetus]
corresponder-se (vr)	kirjavahetuses olema	[kirjaʋahetuses olema]

arquivo (m)	fail	[failʲ]
fazer download, baixar (vt)	allalaadimine	[alʲæla:dimine]
criar (vt)	tegema	[tegema]
deletar (vt)	eemaldama	[e:malʲdama]
deletado (adj)	eemaldatud	[e:malʲdatut]

conexão (f)	side	[side]
velocidade (f)	kiirus	[ki:rus]
modem (m)	modem	[modem]
acesso (m)	juurdepääs	[ju:rdepæ:s]
porta (f)	port	[port]

conexão (f)	lülitus	[lʉlitus]
conectar (vi)	sisse lülitama	[sisse lʉlitama]
escolher (vt)	valima	[ʋalima]
buscar (vt)	otsima	[otsima]

103. Eletricidade

eletricidade (f)	elekter	[elekter]
elétrico (adj)	elektri-	[elektri-]
planta (f) elétrica	elektrijaam	[elektrija:m]
energia (f)	energia	[energia]
energia (f) elétrica	elektrienergia	[elektrienergia]
lâmpada (f)	elektripirn	[elektripirn]
lanterna (f)	taskulamp	[taskulamp]
poste (m) de iluminação	tänavalatern	[tænavalatern]
luz (f)	elekter	[elekter]
ligar (vt)	sisse lülitama	[sisse lülitama]
desligar (vt)	välja lülitama	[vælja lülitama]
apagar a luz	tuld kustutama	[tulʲt kusʲtutama]
queimar (vi)	läbi põlema	[lʲæbi pɔlema]
curto-circuito (m)	lühiühendus	[lʉhiʉhendus]
ruptura (f)	katke	[katke]
contato (m)	kontakt	[kontakt]
interruptor (m)	lüliti	[lʉliti]
tomada (de parede)	pistikupesa	[pisʲtikupesa]
plugue (m)	pistik	[pisʲtik]
extensão (f)	pikendusjuhe	[pikendusjuhe]
fusível (m)	kaitse	[kaitse]
fio, cabo (m)	juhe	[juhe]
instalação (f) elétrica	juhtmed	[juhtmet]
ampère (m)	amper	[amper]
amperagem (f)	voolutugevus	[vo:lutugeʋus]
volt (m)	volt	[ʋolʲt]
voltagem (f)	pinge	[pinge]
aparelho (m) elétrico	elektririist	[elektriri:sʲt]
indicador (m)	indikaator	[indika:tor]
eletricista (m)	elektrik	[elektrik]
soldar (vt)	jootma	[jo:tma]
soldador (m)	jootekolb	[jo:tekolʲb]
corrente (f) elétrica	vool	[ʋo:lʲ]

104. Ferramentas

ferramenta (f)	tööriist	[tø:ri:sʲt]
ferramentas (f pl)	tööriistad	[tø:ri:sʲtat]
equipamento (m)	seadmed	[seadmet]
martelo (m)	haamer	[ha:mer]
chave (f) de fenda	kruvikeeraja	[kruʋike:raja]
machado (m)	kirves	[kirʋes]

serra (f)	**saag**	[sa:g]
serrar (vt)	**saagima**	[sa:gima]
plaina (f)	**höövel**	[hø:ʋelʲ]
aplainar (vt)	**hööveldama**	[hø:ʋelʲdama]
soldador (m)	**jootekolb**	[jo:tekolʲb]
soldar (vt)	**jootma**	[jo:tma]

lima (f)	**viil**	[ʋi:lʲ]
tenaz (f)	**tangid**	[tangit]
alicate (m)	**näpitstangid**	[næpitsʲtangit]
formão (m)	**peitel**	[pejtelʲ]

broca (f)	**puur**	[pu:r]
furadeira (f) elétrica	**trellpuur**	[trelʲpu:r]
furar (vt)	**puurima**	[pu:rima]

faca (f)	**nuga**	[nuga]
lâmina (f)	**noatera**	[noatera]

afiado (adj)	**terav**	[teraʋ]
cego (adj)	**nüri**	[nʉri]
embotar-se (vr)	**nüriks minema**	[nʉriks minema]
afiar, amolar (vt)	**teritama**	[teritama]

parafuso (m)	**polt**	[polʲt]
porca (f)	**mutter**	[mutter]
rosca (f)	**vint**	[ʋint]
parafuso (para madeira)	**kruvi**	[kruʋi]

prego (m)	**nael**	[naelʲ]
cabeça (f) do prego	**naelapea**	[naelapea]

régua (f)	**joonlaud**	[jo:nlaut]
fita (f) métrica	**mõõdulint**	[mɜ:dulint]
nível (m)	**vaaderpass**	[ʋa:derpass]
lupa (f)	**luup**	[lu:p]

medidor (m)	**mõõteriist**	[mɜ:teri:sʲt]
medir (vt)	**mõõtma**	[mɜ:tma]
escala (f)	**skaala**	[ska:la]
indicação (f), registro (m)	**näit**	[næjt]

compressor (m)	**kompressor**	[kompressor]
microscópio (m)	**mikroskoop**	[mikrosko:p]

bomba (f)	**pump**	[pump]
robô (m)	**robot**	[robot]
laser (m)	**laser**	[laser]

chave (f) de boca	**mutrivõti**	[mutriʋɜti]
fita (f) adesiva	**kleeplint**	[kle:plint]
cola (f)	**liim**	[li:m]

lixa (f)	**liivapaber**	[li:ʋapaber]
mola (f)	**vedru**	[ʋedru]
ímã (m)	**magnet**	[magnet]

luva (f)	**kindad**	[kindat]
corda (f)	**nöör**	[nø:r]
cabo (~ de nylon, etc.)	**nöör**	[nø:r]
fio (m)	**juhe**	[juhe]
cabo (~ elétrico)	**kaabel**	[ka:belʲ]
marreta (f)	**sepavasar**	[sepaʋasar]
pé de cabra (m)	**kang**	[kang]
escada (f) de mão	**redel**	[redelʲ]
escada (m)	**treppredel**	[treppredelʲ]
enroscar (vt)	**kinni keerama**	[kinni ke:rama]
desenroscar (vt)	**lahti keerama**	[lahti ke:rama]
apertar (vt)	**kinni suruma**	[kinni suruma]
colar (vt)	**kleepima**	[kle:pima]
cortar (vt)	**lõikama**	[lɜikama]
falha (f)	**rike**	[rike]
conserto (m)	**parandamine**	[parandamine]
consertar, reparar (vt)	**remontima**	[remontima]
regular, ajustar (vt)	**reguleerima**	[regule:rima]
verificar (vt)	**kontrollima**	[kontrolʲima]
verificação (f)	**kontrollimine**	[kontrolʲimine]
indicação (f), registro (m)	**näit**	[næjt]
seguro (adj)	**töökindel**	[tø:kindelʲ]
complicado (adj)	**keeruline**	[ke:ruline]
enferrujar (vi)	**roostetama**	[ro:sʲtetama]
enferrujado (adj)	**roostetanud**	[ro:sʲtetanut]
ferrugem (f)	**rooste**	[ro:sʲte]

Transportes

105. Avião

avião (m)	**lennuk**	[lennuk]
passagem (f) aérea	**lennukipilet**	[lennukipilet]
companhia (f) aérea	**lennukompanii**	[lennukompani:]
aeroporto (m)	**lennujaam**	[lennuja:m]
supersônico (adj)	**ülehelikiiruse**	[ʉleheliki:ruse]
comandante (m) do avião	**lennukikomandör**	[lennukikomandør]
tripulação (f)	**meeskond**	[me:skont]
piloto (m)	**piloot**	[pilo:t]
aeromoça (f)	**stjuardess**	[sʲtjuardess]
copiloto (m)	**tüürimees**	[tʉ:rime:s]
asas (f pl)	**tiivad**	[ti:ʋat]
cauda (f)	**saba**	[saba]
cabine (f)	**kabiin**	[kabi:n]
motor (m)	**mootor**	[mo:tor]
trem (m) de pouso	**telik**	[telik]
turbina (f)	**turbiin**	[turbi:n]
hélice (f)	**propeller**	[propelʲer]
caixa-preta (f)	**must kast**	[musʲt kasʲt]
coluna (f) de controle	**tüür**	[tʉ:r]
combustível (m)	**kütus**	[kʉtus]
instruções (f pl) de segurança	**instruktsioon**	[insʲtruktsio:n]
máscara (f) de oxigênio	**hapnikumask**	[hapnikumask]
uniforme (m)	**vormiriietus**	[ʋormiri:etus]
colete (m) salva-vidas	**päästevest**	[pæ:sʲteʋesʲt]
paraquedas (m)	**langevari**	[langeʋari]
decolagem (f)	**õhkutõusmine**	[ɜhkutɜusmine]
descolar (vi)	**õhku tõusma**	[ɜhku tɜusma]
pista (f) de decolagem	**tõusurada**	[tɜusurada]
visibilidade (f)	**nähtavus**	[næhtaʋus]
voo (m)	**lend**	[lent]
altura (f)	**kõrgus**	[kɜrgus]
poço (m) de ar	**õhuauk**	[ɜhuauk]
assento (m)	**koht**	[koht]
fone (m) de ouvido	**kõrvaklapid**	[kɜrʋaklapit]
mesa (f) retrátil	**klapplaud**	[klapplaut]
janela (f)	**illuminaator**	[ilʲumina:tor]
corredor (m)	**vahekäik**	[ʋahekæjk]

106. Comboio

trem (m)	rong	[rong]
trem (m) elétrico	elektrirong	[elektrirong]
trem (m)	kiirrong	[ki:rrong]
locomotiva (f) diesel	mootorvedur	[mo:torʋedur]
locomotiva (f) a vapor	auruvedur	[auruʋedur]

| vagão (f) de passageiros | vagun | [ʋagun] |
| vagão-restaurante (m) | restoranvagun | [resˈtoranʋagun] |

carris (m pl)	rööpad	[rø:pat]
estrada (f) de ferro	raudtee	[raudte:]
travessa (f)	liiper	[li:per]

plataforma (f)	platvorm	[platʋorm]
linha (f)	tee	[te:]
semáforo (m)	semafor	[semafor]
estação (f)	jaam	[ja:m]

maquinista (m)	vedurijuht	[ʋedurijuht]
bagageiro (m)	pakikandja	[pakikandja]
hospedeiro, -a (m, f)	vagunisaatja	[ʋagunisa:tja]
passageiro (m)	reisija	[rejsija]
revisor (m)	kontrolör	[kontrolør]

| corredor (m) | koridor | [koridor] |
| freio (m) de emergência | hädapidur | [hædapidur] |

compartimento (m)	kupee	[kupe:]
cama (f)	nari	[nari]
cama (f) de cima	ülemine nari	[ʉlemine nari]
cama (f) de baixo	alumine nari	[alumine nari]
roupa (f) de cama	voodipesu	[ʋo:dipesu]

passagem (f)	pilet	[pilet]
horário (m)	sõiduplaan	[sɜidupla:n]
painel (m) de informação	tabloo	[tablo:]

| partir (vt) | väljuma | [ʋæljuma] |
| partida (f) | väljumine | [ʋæljumine] |

| chegar (vi) | saabuma | [sa:buma] |
| chegada (f) | saabumine | [sa:bumine] |

chegar de trem	rongiga saabuma	[rongiga sa:buma]
pegar o trem	rongile minema	[rongile minema]
descer de trem	rongilt maha minema	[rongilʲt maha minema]

acidente (m) ferroviário	rongiõnnetus	[rongiɜnnetus]
descarrilar (vi)	rööbastelt maha jooksma	[rø:basˈtelʲt maha jo:ksma]
locomotiva (f) a vapor	auruvedur	[auruʋedur]
foguista (m)	kütja	[kʉtja]
fornalha (f)	kolle	[kolʲe]
carvão (m)	süsi	[sʉsi]

107. Barco

| navio (m) | laev | [laeʊ] |
| embarcação (f) | laev | [laeʊ] |

barco (m) a vapor	aurik	[aurik]
barco (m) fluvial	mootorlaev	[moːtorlaeʊ]
transatlântico (m)	liinilaev	[liːnilaeʊ]
cruzeiro (m)	ristleja	[risʲtleja]

iate (m)	jaht	[jaht]
rebocador (m)	puksiir	[puksiːr]
barcaça (f)	lodi	[lodi]
ferry (m)	parvlaev	[parʊlaeʊ]

| veleiro (m) | purjelaev | [purjelaeʊ] |
| bergantim (m) | brigantiin | [brigantiːn] |

| quebra-gelo (m) | jäälõhkuja | [jæːlɜhkuja] |
| submarino (m) | allveelaev | [alʲʊeːlaeʊ] |

bote, barco (m)	paat	[paːt]
baleeira (bote salva-vidas)	luup	[luːp]
bote (m) salva-vidas	päästepaat	[pæːsʲtepaːt]
lancha (f)	kaater	[kaːter]

capitão (m)	kapten	[kapten]
marinheiro (m)	madrus	[madrus]
marujo (m)	meremees	[meremeːs]
tripulação (f)	meeskond	[meːskont]

contramestre (m)	pootsman	[poːtsman]
grumete (m)	junga	[junga]
cozinheiro (m) de bordo	kokk	[kokk]
médico (m) de bordo	laevaarst	[laeʊaːrsʲt]

convés (m)	tekk	[tekk]
mastro (m)	mast	[masʲt]
vela (f)	puri	[puri]

porão (m)	trümm	[trʉmm]
proa (f)	vöör	[ʊøːr]
popa (f)	ahter	[ahter]
remo (m)	aer	[aer]
hélice (f)	kruvi	[kruʊi]

cabine (m)	kajut	[kajut]
sala (f) dos oficiais	ühiskajut	[ʉhiskajut]
sala (f) das máquinas	masinaruum	[masinaruːm]
ponte (m) de comando	kaptenisild	[kaptenisilʲt]
sala (f) de comunicações	raadiosõlm	[raːdiosɜlʲm]
onda (f)	raadiolaine	[raːdiolaine]
diário (m) de bordo	logiraamat	[logiraːmat]
luneta (f)	pikksilm	[pikksilʲm]
sino (m)	kirikukell	[kirikukelʲ]

bandeira (f)	lipp	[lipp]
cabo (m)	köis	[køis]
nó (m)	sõlm	[sɜlʲm]

corrimão (m)	käsipuu	[kæsipu:]
prancha (f) de embarque	trapp	[trapp]

âncora (f)	ankur	[ankur]
recolher a âncora	ankur sisse	[ankur sisse]
jogar a âncora	ankur välja	[ankur ʋælja]
amarra (corrente de âncora)	ankrukett	[ankrukett]

porto (m)	sadam	[sadam]
cais, amarradouro (m)	sadam	[sadam]
atracar (vi)	randuma	[randuma]
desatracar (vi)	kaldast eemalduma	[kalʲdasʲt e:malʲduma]

viagem (f)	reis	[rejs]
cruzeiro (m)	kruiis	[krui:s]
rumo (m)	kurss	[kurss]
itinerário (m)	marsruut	[marsru:t]

canal (m) de navegação	laevasõidutee	[laeʋasɜidute:]
banco (m) de areia	madalik	[madalik]
encalhar (vt)	madalikule jääma	[madalikule jæ:ma]

tempestade (f)	torm	[torm]
sinal (m)	signaal	[signa:lʲ]
afundar-se (vr)	uppuma	[uppuma]
Homem ao mar!	Mees üle parda!	[me:s ule parda!]
SOS	SOS	[sos]
boia (f) salva-vidas	päästerõngas	[pæ:sʲterɜngas]

108. Aeroporto

aeroporto (m)	lennujaam	[lennuja:m]
avião (m)	lennuk	[lennuk]
companhia (f) aérea	lennukompanii	[lennukompani:]
controlador (m) de tráfego aéreo	dispetšer	[dispetʃer]

partida (f)	väljalend	[ʋæljalent]
chegada (f)	saabumine	[sa:bumine]
chegar (vi)	saabuma	[sa:buma]

hora (f) de partida	väljalennuaeg	[ʋæljalennuaeg]
hora (f) de chegada	saabumisaeg	[sa:bumisaeg]

estar atrasado	hilinema	[hilinema]
atraso (m) de voo	väljalend hilineb	[ʋæljalent hilineb]

painel (m) de informação	teadetetabloo	[teadetetablo:]
informação (f)	teave	[teaʋe]
anunciar (vt)	teatama	[teatama]

voo (m)	**reis**	[rejs]
alfândega (f)	**toll**	[tolʲ]
funcionário (m) da alfândega	**tolliametnik**	[tolʲiametnik]

declaração (f) alfandegária	**deklaratsioon**	[deklaratsio:n]
preencher (vt)	**täitma**	[tæjtma]
preencher a declaração	**deklaratsiooni täitma**	[deklaratsio:ni tæjtma]
controle (m) de passaporte	**passikontroll**	[passikontrolʲ]

bagagem (f)	**pagas**	[pagas]
bagagem (f) de mão	**käsipakid**	[kæsipakit]
carrinho (m)	**pagasikäru**	[pagasikæru]

pouso (m)	**maandumine**	[ma:ndumine]
pista (f) de pouso	**maandumisrada**	[ma:ndumisrada]
aterrissar (vi)	**maanduma**	[ma:nduma]
escada (f) de avião	**lennukitrepp**	[lennukitrepp]

check-in (m)	**registreerimine**	[regisʲtre:rimine]
balcão (m) do check-in	**registreerimiselett**	[regisʲtre:rimiselett]
fazer o check-in	**registreerima**	[regisʲtre:rima]
cartão (m) de embarque	**lennukissemineku talong**	[lennukissemineku talong]
portão (m) de embarque	**lennukisse minek**	[lennukisse minek]

trânsito (m)	**transiit**	[transi:t]
esperar (vi, vt)	**ootama**	[o:tama]
sala (f) de espera	**ooteruum**	[o:teru:m]
despedir-se (acompanhar)	**saatma**	[sa:tma]
despedir-se (dizer adeus)	**hüvasti jätma**	[hʉʋasʲti jætma]

Eventos

109. Férias. Evento

festa (f)	pidu	[pidu]
feriado (m) nacional	rahvuspüha	[rahʊuspʉha]
feriado (m)	pidupäev	[pidupæəʊ]
festejar (vt)	pidu pidama	[pidu pidama]

evento (festa, etc.)	sündmus	[sʉndmus]
evento (banquete, etc.)	üritus	[ʉritus]
banquete (m)	bankett	[bankett]
recepção (f)	vastuvõtt	[ʋasʲtuʋɜtt]
festim (m)	pidu	[pidu]

aniversário (m)	aastapäev	[a:sʲtapæəʊ]
jubileu (m)	juubelipidu	[ju:belipidu]
celebrar (vt)	tähistama	[tæhisʲtama]

Ano (m) Novo	Uusaasta	[u:sa:sʲta]
Feliz Ano Novo!	Head uut aastat!	[heat u:t a:sʲtat!]
Papai Noel (m)	Jõuluvana	[jɜuluʋana]

Natal (m)	Jõulud	[jɜulut]
Feliz Natal!	Rõõmsaid jõulupühi!	[rɜ:msait jɜulupʉhi!]
árvore (f) de Natal	jõulukuusk	[jɜuluku:sk]
fogos (m pl) de artifício	saluut	[salu:t]

casamento (m)	pulmad	[pulʲmat]
noivo (m)	peigmees	[pejgme:s]
noiva (f)	pruut	[pru:t]

convidar (vt)	kutsuma	[kutsuma]
convite (m)	kutse	[kutse]

convidado (m)	külaline	[kʉlaline]
visitar (vt)	külla minema	[kʉlʲæ minema]
receber os convidados	külalisi vastu võtma	[kʉlalisi ʋasʲtu ʋɜtma]

presente (m)	kingitus	[kingitus]
oferecer, dar (vt)	kinkima	[kinkima]
receber presentes	kingitusi saama	[kingitusi sa:ma]
buquê (m) de flores	lillekimp	[lilʲekimp]

felicitações (f pl)	õnnitlus	[ɜnnitlus]
felicitar (vt)	õnnitlema	[ɜnnitlema]

cartão (m) de parabéns	õnnitluskaart	[ɜnnitluska:rt]
enviar um cartão postal	kaarti saatma	[ka:rti sa:tma]
receber um cartão postal	kaarti saama	[ka:rti sa:ma]

brinde (m)	toost	[to:sʲt]
oferecer (vt)	kostitama	[kosʲtitama]
champanhe (m)	šampus	[ʃampus]

divertir-se (vr)	lõbutsema	[lɜbutsema]
diversão (f)	lust	[lusʲt]
alegria (f)	rõõm	[rɜ:m]

| dança (f) | tants | [tants] |
| dançar (vi) | tantsima | [tantsima] |

| valsa (f) | valss | [ʋalʲss] |
| tango (m) | tango | [tango] |

110. Funerais. Enterro

cemitério (m)	kalmistu	[kalʲmisʲtu]
sepultura (f), túmulo (m)	haud	[haut]
cruz (f)	rist	[risʲt]
lápide (f)	hauakivi	[hauakiʋi]
cerca (f)	piirdeaed	[pi:rdeaet]
capela (f)	kabel	[kabelʲ]

morte (f)	surm	[surm]
morrer (vi)	surema	[surema]
defunto (m)	kadunu	[kadunu]
luto (m)	lein	[lejn]

enterrar, sepultar (vt)	matma	[matma]
funerária (f)	matusebüroo	[matusebɯro:]
funeral (m)	matus	[matus]

coroa (f) de flores	pärg	[pærg]
caixão (m)	kirst	[kirsʲt]
carro (m) funerário	katafalk	[katafalʲk]
mortalha (f)	surilina	[surilina]

procissão (f) funerária	matuserongkäik	[matuserongkæjk]
urna (f) funerária	urn	[urn]
crematório (m)	krematoorium	[kremato:rium]

obituário (m), necrologia (f)	nekroloog	[nekrolo:g]
chorar (vi)	nutma	[nutma]
soluçar (vi)	ulguma	[ulʲguma]

111. Guerra. Soldados

pelotão (m)	jagu	[jagu]
companhia (f)	rood	[ro:t]
regimento (m)	polk	[polʲk]
exército (m)	kaitsevägi	[kaitseʋægi]
divisão (f)	divisjon	[diʋisjon]

| esquadrão (m) | rühm | [rʉhm] |
| hoste (f) | vägi | [ʋægi] |

| soldado (m) | sõdur | [sɜdur] |
| oficial (m) | ohvitser | [ohʋitser] |

soldado (m) raso	reamees	[reame:s]
sargento (m)	seersant	[se:rsant]
tenente (m)	leitnant	[lejtnant]
capitão (m)	kapten	[kapten]
major (m)	major	[major]
coronel (m)	kolonel	[koloneli]
general (m)	kindral	[kindrali]

marujo (m)	meremees	[mereme:s]
capitão (m)	kapten	[kapten]
contramestre (m)	pootsman	[po:tsman]

artilheiro (m)	suurtükiväelane	[su:rtʉkiʋæəlane]
soldado (m) paraquedista	dessantväelane	[dessantʋæəlane]
piloto (m)	lendur	[lendur]
navegador (m)	tüürimees	[tʉ:rime:s]
mecânico (m)	mehaanik	[meha:nik]

sapador-mineiro (m)	sapöör	[sapø:r]
paraquedista (m)	langevarjur	[langeʋarjur]
explorador (m)	luuraja	[lu:raja]
atirador (m) de tocaia	snaiper	[snaiper]
patrulha (f)	patrull	[patruli]
patrulhar (vt)	patrullima	[patruliima]
sentinela (f)	tunnimees	[tunnime:s]

guerreiro (m)	sõjamees	[sɜjame:s]
patriota (m)	patrioot	[patrio:t]
herói (m)	kangelane	[kangelane]
heroína (f)	kangelanna	[kangelanna]

traidor (m)	äraandja	[æra:ndja]
trair (vt)	ära andma	[æra andma]
desertor (m)	desertöör	[desertø:r]
desertar (vt)	deserteerima	[deserte:rima]

mercenário (m)	palgasõdur	[paligasɜdur]
recruta (m)	noorsõdur	[no:rsɜdur]
voluntário (m)	vabatahtlik	[ʋabatahtlik]

morto (m)	tapetu	[tapetu]
ferido (m)	haavatu	[ha:ʋatu]
prisioneiro (m) de guerra	sõjavang	[sɜjaʋang]

112. Guerra. Ações militares. Parte 1

| guerra (f) | sõda | [sɜda] |
| guerrear (vt) | sõdima | [sɜdima] |

guerra (f) civil	kodusõda	[kodusɜda]
perfidamente	reetlikult	[reːtlikulʲt]
declaração (f) de guerra	sõjakuulutamine	[sɜjakuːlutamine]
declarar guerra	sõda kuulutama	[sɜda kuːlutama]
agressão (f)	agressioon	[agressioːn]
atacar (vt)	kallale tungima	[kalʲæle tungima]

invadir (vt)	anastama	[anasʲtama]
invasor (m)	anastaja	[anasʲtaja]
conquistador (m)	vallutaja	[ʋalʲutaja]

defesa (f)	kaitse	[kaitse]
defender (vt)	kaitsma	[kaitsma]
defender-se (vr)	ennast kaitsma	[ennasʲt kaitsma]

inimigo (m)	vaenlane	[ʋaenlane]
adversário (m)	vastane	[ʋasʲtane]
inimigo (adj)	vaenulik	[ʋaenulik]

estratégia (f)	strateegia	[sʲtrateːgia]
tática (f)	taktika	[taktika]

ordem (f)	käsk	[kæsk]
comando (m)	käsk	[kæsk]
ordenar (vt)	käskima	[kæskima]
missão (f)	ülesanne	[ɯlesanne]
secreto (adj)	salajane	[salajane]

batalha (f)	võitlus	[ʋɜitlus]
combate (m)	lahing	[lahing]

ataque (m)	rünnak	[rɯnnak]
assalto (m)	rünnak	[rɯnnak]
assaltar (vt)	ründama	[rɯndama]
assédio, sítio (m)	ümberpiiramine	[ɯmberpiːramine]

ofensiva (f)	pealetung	[pealetung]
tomar à ofensiva	peale tungima	[peale tungima]

retirada (f)	taganemine	[taganemine]
retirar-se (vr)	taganema	[taganema]

cerco (m)	ümberpiiramine	[ɯmberpiːramine]
cercar (vt)	ümber piirama	[ɯmber piːrama]

bombardeio (m)	pommitamine	[pommitamine]
lançar uma bomba	pommi heitma	[pommi hejtma]
bombardear (vt)	pommitama	[pommitama]
explosão (f)	plahvatus	[plahʋatus]

tiro (m)	lask	[lask]
dar um tiro	tulistama	[tulisʲtama]
tiroteio (m)	tulistamine	[tulisʲtamine]

apontar para ...	sihtima	[sihtima]
apontar (vt)	sihikule võtma	[sihikule ʋɜtma]

acertar (vt)	tabama	[tabama]
afundar (~ um navio, etc.)	põhja laskma	[pɔhja laskma]
brecha (f)	mürsuauk	[mursuauk]
afundar-se (vr)	põhja minema	[pɔhja minema]

frente (m)	rinne	[rinne]
evacuação (f)	evakuatsioon	[euakuatsio:n]
evacuar (vt)	evakueerima	[euakue:rima]

trincheira (f)	kaevik	[kaeuik]
arame (m) enfarpado	okastraat	[okasʲtra:t]
barreira (f) anti-tanque	kaitsevall	[kaitseualʲ]
torre (f) de vigia	vaatetorn	[ua:tetorn]

hospital (m) militar	hospital	[hospitalʲ]
ferir (vt)	haavama	[ha:uama]
ferida (f)	haav	[ha:u]
ferido (m)	haavatu	[ha:uatu]
ficar ferido	haavata saama	[ha:uata sa:ma]
grave (ferida ~)	raske	[raske]

113. Guerra. Ações militares. Parte 2

cativeiro (m)	vangistus	[uangisʲtus]
capturar (vt)	vangi võtma	[uangi uɜtma]
estar em cativeiro	vangis olema	[uangis olema]
ser aprisionado	vangi sattuma	[uangi sattuma]

campo (m) de concentração	koonduslaager	[ko:ndusla:ger]
prisioneiro (m) de guerra	sõjavang	[sɜjauang]
escapar (vi)	vangist põgenema	[uangisʲt pɜgenema]

trair (vt)	reetma, ära andma	[re:tma, æra andma]
traidor (m)	äraandja	[æra:ndja]
traição (f)	reetmine	[re:tmine]

| fuzilar, executar (vt) | maha laskma | [maha laskma] |
| fuzilamento (m) | mahalaskmine | [mahalaskmine] |

equipamento (m)	vormiriietus	[uormiri:etus]
insígnia (f) de ombro	pagun	[pagun]
máscara (f) de gás	gaasimask	[ga:simask]

rádio (m)	raadiosaatja	[ra:diosa:tja]
cifra (f), código (m)	šiffer	[ʃiffer]
conspiração (f)	konspiratsioon	[konspiratsio:n]
senha (f)	parool	[paro:lʲ]

mina (f)	miin	[mi:n]
minar (vt)	mineerima	[mine:rima]
campo (m) minado	miiniväli	[mi:niuæli]

| alarme (m) aéreo | õhuhäire | [ɜhuhæjre] |
| alarme (m) | häire | [hæjre] |

sinal (m)	**signaal**	[signa:lʲ]
sinalizador (m)	**signaalrakett**	[signa:lʲrakett]

quartel-general (m)	**staap**	[sʲta:p]
reconhecimento (m)	**luure**	[lu:re]
situação (f)	**olukord**	[olukort]
relatório (m)	**raport**	[raport]
emboscada (f)	**varistus**	[ʋarisʲtus]
reforço (m)	**lisajõud**	[lisajɜut]

alvo (m)	**märklaud**	[mærklaut]
campo (m) de tiro	**polügoon**	[polʉgo:n]
manobras (f pl)	**manöövrid**	[manø:ʋrit]

pânico (m)	**paanika**	[pa:nika]
devastação (f)	**häving**	[hæʋing]
ruínas (f pl)	**purustused**	[purusʲtuset]
destruir (vt)	**purustama**	[purusʲtama]

sobreviver (vi)	**ellu jääma**	[elʲu jæ:ma]
desarmar (vt)	**relvituks tegema**	[relʲʋituks tegema]
manusear (vt)	**relva käsitlema**	[relʲʋa kæsitlema]

Sentido!	**Valvel!**	[ʋalʲʋel!]
Descansar!	**Vabalt!**	[ʋabalʲt!]

façanha (f)	**kangelastegu**	[kangelasʲtegu]
juramento (m)	**tõotus**	[tɜotus]
jurar (vi)	**tõotama**	[tɜotama]

condecoração (f)	**autasu**	[autasu]
condecorar (vt)	**autasustama**	[autasusʲtama]
medalha (f)	**medal**	[medalʲ]
ordem (f)	**orden**	[orden]

vitória (f)	**võit**	[ʋɜit]
derrota (f)	**kaotus**	[kaotus]
armistício (m)	**vaherahu**	[ʋaherahu]

bandeira (f)	**lipp**	[lipp]
glória (f)	**kuulsus**	[ku:lʲsus]
parada (f)	**paraad**	[para:t]
marchar (vi)	**marssima**	[marssima]

114. Armas

arma (f)	**relv**	[relʲʋ]
arma (f) de fogo	**tulirelv**	[tulirelʲʋ]
arma (f) branca	**külmrelv**	[kʉlʲmrelʲʋ]

arma (f) química	**keemiarelv**	[ke:miarelʲʋ]
nuclear (adj)	**tuuma-**	[tu:ma-]
arma (f) nuclear	**tuumarelv**	[tu:marelʲʋ]
bomba (f)	**pomm**	[pomm]

bomba (f) atômica	aatomipomm	[a:tomipomm]
pistola (f)	püstol	[pʉsʲtolʲ]
rifle (m)	püss	[pʉss]
semi-automática (f)	automaat	[automa:t]
metralhadora (f)	kuulipilduja	[ku:lipilʲduja]

boca (f)	püssitoru	[pʉssitoru]
cano (m)	püssitoru	[pʉssitoru]
calibre (m)	kaliiber	[kali:ber]

gatilho (m)	vinn	[ʋinn]
mira (f)	sihik	[sihik]
carregador (m)	padrunisalv	[padrunisalʲʋ]
coronha (f)	püssipära	[pʉssipæra]

granada (f) de mão	granaat	[grana:t]
explosivo (m)	lõhkeaine	[lɜhkeaine]

bala (f)	kuul	[ku:lʲ]
cartucho (m)	padrun	[padrun]
carga (f)	laeng	[laeng]
munições (f pl)	lahingumoon	[lahingumo:n]

bombardeiro (m)	pommilennuk	[pommilennuk]
avião (m) de caça	hävituslennuk	[hæʋituslennuk]
helicóptero (m)	helikopter	[helikopter]

canhão (m) antiaéreo	õhutõrjekahur	[ɜhutɜrjekahur]
tanque (m)	tank	[tank]
canhão (de um tanque)	kahur	[kahur]

artilharia (f)	kahurivägi	[kahuriʋægi]
canhão (m)	suurtükk	[su:rtʉkk]
fazer a pontaria	sihikule võtma	[sihikule ʋɜtma]

projétil (m)	mürsk	[mʉrsk]
granada (f) de morteiro	miin	[mi:n]
morteiro (m)	miinipilduja	[mi:nipilʲduja]
estilhaço (m)	kild	[kilʲt]

submarino (m)	allveelaev	[alʲʋe:laeʋ]
torpedo (m)	torpeedo	[torpe:do]
míssil (m)	rakett	[rakett]

carregar (uma arma)	laadima	[la:dima]
disparar, atirar (vi)	tulistama	[tulisʲtama]
apontar para ...	sihtima	[sihtima]
baioneta (f)	tääk	[tæ:k]

espada (f)	mõõk	[mɜ:k]
sabre (m)	saabel	[sa:belʲ]
lança (f)	oda	[oda]
arco (m)	vibu	[ʋibu]
flecha (f)	nool	[no:lʲ]
mosquete (m)	musket	[musket]
besta (f)	arbalett	[arbalett]

115. Povos da antiguidade

primitivo (adj)	ürgne	[urgne]
pré-histórico (adj)	eelajalooline	[e:lajalo:line]
antigo (adj)	iidne	[i:dne]

Idade (f) da Pedra	kiviaeg	[kiuiaeg]
Idade (f) do Bronze	pronksiaeg	[pronksiaeg]
Era (f) do Gelo	jääaeg	[jæ::eg]

tribo (f)	suguharu	[suguharu]
canibal (m)	inimsööja	[inimsø:ja]
caçador (m)	kütt	[kutt]
caçar (vi)	jahil käima	[jahilʲ kæjma]
mamute (m)	mammut	[mammut]

caverna (f)	koobas	[ko:bas]
fogo (m)	tuli	[tuli]
fogueira (f)	lõke	[lɜke]
pintura (f) rupestre	kaljujoonis	[kaljujo:nis]

ferramenta (f)	tööriist	[tø:ri:sʲt]
lança (f)	oda	[oda]
machado (m) de pedra	kivikirves	[kiuikirues]
guerrear (vt)	sõdima	[sɜdima]
domesticar (vt)	kodustama	[kodusʲtama]

ídolo (m)	iidol	[i:dolʲ]
adorar, venerar (vt)	kummardama	[kummardama]
superstição (f)	ebausk	[ebausk]
ritual (m)	riitus	[ri:tus]

evolução (f)	evolutsioon	[euolutsio:n]
desenvolvimento (m)	areng	[areng]
extinção (f)	kadumine	[kadumine]
adaptar-se (vr)	kohanema	[kohanema]

arqueologia (f)	arheoloogia	[arheolo:gia]
arqueólogo (m)	arheoloog	[arheolo:g]
arqueológico (adj)	arheoloogiline	[arheolo:giline]

escavação (sítio)	väljakaevamised	[uæljakaeuamiset]
escavações (f pl)	väljakaevamised	[uæljakaeuamiset]
achado (m)	leid	[lejt]
fragmento (m)	fragment	[fragment]

116. Idade média

povo (m)	rahvas	[rahuas]
povos (m pl)	rahvad	[rahuat]
tribo (f)	suguharu	[suguharu]
tribos (f pl)	hõimud	[hɜimut]
bárbaros (pl)	barbar	[barbar]

galeses (pl)	gallid	[galʲit]
godos (pl)	goodid	[go:dit]
eslavos (pl)	slaavlased	[sla:ʋlaset]
viquingues (pl)	viikingid	[ʋi:kingit]

romanos (pl)	roomlased	[ro:mlaset]
romano (adj)	rooma	[ro:ma]

bizantinos (pl)	bütsantslased	[bʉtsantslaset]
Bizâncio	Bütsants	[bʉtsants]
bizantino (adj)	bütsantsi	[bʉtsantsi]

imperador (m)	imperaator	[impera:tor]
líder (m)	pealik	[pealik]
poderoso (adj)	võimas	[ʋɜimas]
rei (m)	kuningas	[kuningas]
governante (m)	valitseja	[ʋalitseja]

cavaleiro (m)	rüütel	[rʉ:telʲ]
senhor feudal (m)	feodaal	[feoda:lʲ]
feudal (adj)	feodaalne	[feoda:lʲne]
vassalo (m)	vasall	[ʋasalʲ]

duque (m)	hertsog	[hertsog]
conde (m)	krahv	[krahʊ]
barão (m)	parun	[parun]
bispo (m)	piiskop	[pi:skop]

armadura (f)	lahinguvarustus	[lahinguʋarusʲtus]
escudo (m)	kilp	[kilʲp]
espada (f)	mõõk	[mɜ:k]
viseira (f)	visiir	[ʋisi:r]
cota (f) de malha	raudrüü	[raudrʉ:]

cruzada (f)	ristiretk	[risʲtiretk]
cruzado (m)	ristirüütel	[risʲtirʉ:telʲ]

território (m)	territoorium	[territo:rium]
atacar (vt)	kallale tungima	[kalʲæle tungima]
conquistar (vt)	vallutama	[ʋalʲutama]
ocupar, invadir (vt)	anastama	[anasʲtama]

assédio, sítio (m)	ümberpiiramine	[ʉmberpi:ramine]
sitiado (adj)	ümberpiiratud	[ʉmberpi:ratut]
assediar, sitiar (vt)	ümber piirama	[ʉmber pi:rama]

inquisição (f)	inkvisitsioon	[inkʋisitsio:n]
inquisidor (m)	inkvisiitor	[inkʋisi:tor]
tortura (f)	piinamine	[pi:namine]
cruel (adj)	julm	[julʲm]
herege (m)	ketser	[ketser]
heresia (f)	ketserlus	[ketserlus]

navegação (f) marítima	meresõit	[meresɜit]
pirata (m)	piraat	[pira:t]
pirataria (f)	piraatlus	[pira:tlus]

abordagem (f)	abordaaž	[aborda:ʒ]
presa (f), butim (m)	sõjasaak	[sɜjasa:k]
tesouros (m pl)	aarded	[a:rdet]

descobrimento (m)	maadeavastamine	[ma:deaʋasⁱtamine]
descobrir (novas terras)	avastama	[aʋasⁱtama]
expedição (f)	ekspeditsioon	[ekspeditsio:n]

mosqueteiro (m)	musketär	[musketær]
cardeal (m)	kardinal	[kardinalʲ]
heráldica (f)	heraldika	[heralʲdika]
heráldico (adj)	heraldiline	[heralʲdiline]

117. Líder. Chefe. Autoridades

rei (m)	kuningas	[kuningas]
rainha (f)	kuninganna	[kuninganna]
real (adj)	kuninglik	[kuninglik]
reino (m)	kuningriik	[kuningri:k]

| príncipe (m) | prints | [prints] |
| princesa (f) | printsess | [printsess] |

presidente (m)	president	[president]
vice-presidente (m)	asepresident	[asepresident]
senador (m)	senaator	[sena:tor]

monarca (m)	monarh	[monarh]
governante (m)	valitseja	[ʋalitseja]
ditador (m)	diktaator	[dikta:tor]
tirano (m)	türann	[tʉrann]
magnata (m)	magnaat	[magna:t]

diretor (m)	direktor	[direktor]
chefe (m)	šeff	[ʃeff]
gerente (m)	juhataja	[juhataja]
patrão (m)	boss	[boss]
dono (m)	peremees	[pereme:s]

líder (m)	liider	[li:der]
chefe (m)	juht	[juht]
autoridades (f pl)	võimud	[ʋɜimut]
superiores (m pl)	juhtkond	[juhtkont]

governador (m)	kuberner	[kuberner]
cônsul (m)	konsul	[konsulʲ]
diplomata (m)	diplomaat	[diploma:t]
Presidente (m) da Câmara	linnapea	[linnapea]
xerife (m)	šerif	[ʃerif]

imperador (m)	imperaator	[impera:tor]
czar (m)	tsaar	[tsa:r]
faraó (m)	vaarao	[ʋa:rao]
cã, khan (m)	khaan	[kha:n]

118. Violação da lei. Criminosos. Parte 1

bandido (m)	**bandiit**	[bandi:t]
crime (m)	**kuritegu**	[kuritegu]
criminoso (m)	**kurjategija**	[kurjategija]

ladrão (m)	**varas**	[ʋaras]
roubar (vt)	**varastama**	[ʋarasʲtama]
furto, roubo (m)	**vargus**	[ʋargus]

raptar, sequestrar (vt)	**röövima**	[rø:ʋima]
sequestro (m)	**inimrööv**	[inimrø:ʋ]
sequestrador (m)	**röövija**	[rø:ʋija]

resgate (m)	**lunaraha**	[lunaraha]
pedir resgate	**lunaraha nõudma**	[lunaraha nɜudma]

roubar (vt)	**röövima**	[rø:ʋima]
assalto, roubo (m)	**rööv**	[rø:ʋ]
assaltante (m)	**röövel**	[rø:ʋelʲ]

extorquir (vt)	**välja pressima**	[ʋælja pressima]
extorsionário (m)	**väljapressija**	[ʋæljapressija]
extorsão (f)	**väljapressimine**	[ʋæljapressimine]

matar, assassinar (vt)	**tapma**	[tapma]
homicídio (m)	**mõrv**	[mɜrʋ]
homicida, assassino (m)	**mõrvar**	[mɜrʋar]

tiro (m)	**lask**	[lask]
dar um tiro	**tulistama**	[tulisʲtama]
matar a tiro	**maha laskma**	[maha laskma]
disparar, atirar (vi)	**tulistama**	[tulisʲtama]
tiroteio (m)	**laskmine**	[laskmine]

incidente (m)	**juhtum**	[juhtum]
briga (~ de rua)	**kaklus**	[kaklus]
Socorro!	**Appi!**	[appi!]
vítima (f)	**ohver**	[ohʋer]

danificar (vt)	**vigastama**	[ʋigasʲtama]
dano (m)	**vigastus**	[ʋigasʲtus]
cadáver (m)	**laip**	[laip]
grave (adj)	**ränk**	[rænk]

atacar (vt)	**kallale tungima**	[kalʲæle tungima]
bater (espancar)	**lööma**	[lø:ma]
espancar (vt)	**läbi peksma**	[lʲæbi peksma]
tirar, roubar (dinheiro)	**ära võtma**	[æra ʋɜtma]
esfaquear (vt)	**pussitama**	[pussitama]
mutilar (vt)	**sandiks peksma**	[sandiks peksma]
ferir (vt)	**haavama**	[ha:ʋama]

chantagem (f)	**šantaaž**	[ʃanta:ʒ]
chantagear (vt)	**šantažeerima**	[ʃantaʒe:rima]

chantagista (m)	šantažeerija	[ʃantaʒe:rija]
extorsão (f)	reket	[reket]
extorsionário (m)	väljapressija	[ʋælʲapressija]
gângster (m)	gangster	[gangsʲter]
máfia (f)	maffia	[maffia]

punguista (m)	taskuvaras	[taskuʋaras]
assaltante, ladrão (m)	murdvaras	[murdʋaras]
contrabando (m)	salakaubandus	[salakaubandus]
contrabandista (m)	salakaubavedaja	[salakaubaʋedaja]

falsificação (f)	võltsing	[ʋɜlʲtsing]
falsificar (vt)	võltsima	[ʋɜlʲtsima]
falsificado (adj)	võltsitud	[ʋɜlʲtsitut]

119. Violação da lei. Criminosos. Parte 2

estupro (m)	vägistamine	[ʋægisʲtamine]
estuprar (vt)	vägistama	[ʋægisʲtama]
estuprador (m)	vägistaja	[ʋægisʲtaja]
maníaco (m)	maniakk	[maniakk]

prostituta (f)	prostituut	[prosʲtitu:t]
prostituição (f)	prostitutsioon	[prosʲtitutsio:n]
cafetão (m)	sutenöör	[sutenø:r]

| drogado (m) | narkomaan | [narkoma:n] |
| traficante (m) | narkokaupmees | [narkokaupme:s] |

explodir (vt)	õhku laskma	[ɜhku laskma]
explosão (f)	plahvatus	[plahʋatus]
incendiar (vt)	süütama	[sʉ:tama]
incendiário (m)	süütaja	[sʉ:taja]

terrorismo (m)	terrorism	[terrorism]
terrorista (m)	terrorist	[terrorisʲt]
refém (m)	pantvang	[pantʋang]

enganar (vt)	petma	[petma]
engano (m)	pettus	[pettus]
vigarista (m)	petis	[petis]

subornar (vt)	pistist andma	[pisʲtisʲt andma]
suborno (atividade)	pistise andmine	[pisʲtise andmine]
suborno (dinheiro)	altkäemaks	[alʲtkææmaks]

veneno (m)	mürk	[mʉrk]
envenenar (vt)	mürgitama	[mʉrgitama]
envenenar-se (vr)	ennast mürgitama	[ennasʲt mʉrgitama]

suicídio (m)	enesetapp	[enesetapp]
suicida (m)	enesetapja	[enesetapja]
ameaçar (vt)	ähvardama	[æhʋardama]
ameaça (f)	ähvardus	[æhʋardus]

atentar contra a vida de ...	kallale kippuma	[kalʲæle kippuma]
atentado (m)	elule kallalekippumine	[elule kalʲælekippumine]
roubar (um carro)	ärandama	[ærandama]
sequestrar (um avião)	kaaperdama	[ka:perdama]
vingança (f)	kättemaks	[kættemaks]
vingar (vt)	kätte maksma	[kætte maksma]
torturar (vt)	piinama	[pi:nama]
tortura (f)	piinamine	[pi:namine]
atormentar (vt)	vaevama	[ʋaeʋama]
pirata (m)	piraat	[pira:t]
desordeiro (m)	huligaan	[huliga:n]
armado (adj)	relvastatud	[relʲʋasʲtatut]
violência (f)	vägivald	[ʋægiʋalʲt]
ilegal (adj)	illegaalne	[ilʲega:lʲne]
espionagem (f)	spionaaž	[spiona:ʒ]
espionar (vi)	nuhkima	[nuhkima]

120. Polícia. Lei. Parte 1

justiça (sistema de ~)	kohtumõistmine	[kohtumɜisʲtmine]
tribunal (m)	kohus	[kohus]
juiz (m)	kohtunik	[kohtunik]
jurados (m pl)	vandemees	[ʋandeme:s]
tribunal (m) do júri	vandemeeste kohus	[ʋandeme:sʲte kohus]
julgar (vt)	kohut mõistma	[kohut mɜisʲtma]
advogado (m)	advokaat	[aduoka:t]
réu (m)	kohtualune	[kohtualune]
banco (m) dos réus	kohtupink	[kohtupink]
acusação (f)	süüdistus	[sʉ:disʲtus]
acusado (m)	süüdistatav	[sʉ:disʲtataʋ]
sentença (f)	kohtuotsus	[kohtuotsus]
sentenciar (vt)	süüdi mõistma	[sʉ:di mɜisʲtma]
culpado (m)	süüdlane	[sʉ:tlane]
punir (vt)	karistama	[karisʲtama]
punição (f)	karistus	[karisʲtus]
multa (f)	trahv	[trahʋ]
prisão (f) perpétua	eluaegne vanglakaristus	[eluaegne ʋanglakarisʲtus]
pena (f) de morte	surmanuhtlus	[surmanuhtlus]
cadeira (f) elétrica	elektritool	[elektrito:lʲ]
forca (f)	võllas	[ʋɜlʲæs]
executar (vt)	hukkama	[hukkama]
execução (f)	hukkamine	[hukkamine]

| prisão (f) | vangla | [ʋangla] |
| cela (f) de prisão | vangikong | [ʋangikong] |

escolta (f)	konvoi	[konʋoj]
guarda (m) prisional	vangivalvur	[ʋangiʋalʲʊur]
preso, prisioneiro (m)	vang	[ʋang]

| algemas (f pl) | käerauad | [kæərauat] |
| algemar (vt) | käsi raudu panema | [kæsi raudu panema] |

fuga, evasão (f)	põgenemine	[pɜgenemine]
fugir (vi)	põgenema	[pɜgenema]
desaparecer (vi)	kadunuks jääma	[kadunuks jæːma]
soltar, libertar (vt)	vabastama	[ʋabasⁱtama]
anistia (f)	amnestia	[amnesⁱtia]

polícia (instituição)	politsei	[politsej]
polícia (m)	politseinik	[politsejnik]
delegacia (f) de polícia	politseijaoskond	[politsejjaoskont]
cassetete (m)	kumminui	[kumminui]
megafone (m)	ruupor	[ruːpor]

carro (m) de patrulha	patrullauto	[patrulʲæuto]
sirene (f)	sireen	[sireːn]
ligar a sirene	sireeni sisse lülitama	[sireːni sisse lʉlitama]
toque (m) da sirene	sireen heli	[sireːn heli]

cena (f) do crime	sündmuspaik	[sʉndmuspaik]
testemunha (f)	tunnistaja	[tunnisⁱtaja]
liberdade (f)	vabadus	[ʋabadus]
cúmplice (m)	kaasosaline	[kaːsosaline]
escapar (vi)	varjuma	[ʋarjuma]
traço (não deixar ~s)	jälg	[jælʲg]

121. Polícia. Lei. Parte 2

procura (f)	tagaotsimine	[tagaotsimine]
procurar (vt)	otsima ...	[otsima ...]
suspeita (f)	kahtlustus	[kahtlusⁱtus]
suspeito (adj)	kahtlane	[kahtlane]
parar (veículo, etc.)	peatama	[peatama]
deter (fazer parar)	kinni pidama	[kinni pidama]

caso (~ criminal)	kohtuasi	[kohtuasi]
investigação (f)	uurimine	[uːrimine]
detetive (m)	detektiiv	[detektiːʋ]
investigador (m)	uurija	[uːrija]
versão (f)	versioon	[ʋersioːn]

motivo (m)	motiiv	[motiːʋ]
interrogatório (m)	ülekuulamine	[ʉlekuːlamine]
interrogar (vt)	üle kuulama	[ʉle kuːlama]
questionar (vt)	küsitlema	[kʉsitlema]
verificação (f)	kontrollimine	[kontrolʲimine]

batida (f) policial	haarang	[ha:rang]
busca (f)	läbiotsimine	[lʲæbiotsimine]
perseguição (f)	tagaajamine	[taga:jamine]
perseguir (vt)	jälitama	[jælitama]
seguir, rastrear (vt)	jälgima	[jælʲgima]
prisão (f)	arest	[aresʲt]
prender (vt)	arreteerima	[arrete:rima]
pegar, capturar (vt)	kinni võtma	[kinni ʋɜtma]
captura (f)	kinnivõtmine	[kinniʋɜtmine]
documento (m)	dokument	[dokument]
prova (f)	tõestus	[tɜesʲtus]
provar (vt)	tõestama	[tɜesʲtama]
pegada (f)	jälg	[jælʲg]
impressões (f pl) digitais	sõrmejäljed	[sɜrmejæljet]
prova (f)	süütõend	[sʉ:tɜent]
álibi (m)	alibi	[alibi]
inocente (adj)	süütu	[sʉ:tu]
injustiça (f)	ebaõiglus	[ebaɜiglus]
injusto (adj)	ebaõiglane	[ebaɜiglane]
criminal (adj)	kriminaalne	[krimina:lʲne]
confiscar (vt)	konfiskeerima	[konfiske:rima]
droga (f)	narkootik	[narko:tik]
arma (f)	relv	[relʲʋ]
desarmar (vt)	relvituks tegema	[relʲʋituks tegema]
ordenar (vt)	käskima	[kæskima]
desaparecer (vi)	ära kaduma	[æra kaduma]
lei (f)	seadus	[seadus]
legal (adj)	seaduslik	[seaduslik]
ilegal (adj)	ebaseaduslik	[ebaseaduslik]
responsabilidade (f)	vastutus	[ʋasʲtutus]
responsável (adj)	vastutama	[ʋasʲtutama]

NATUREZA

A Terra. Parte 1

122. Espaço sideral

espaço, cosmo (m)	kosmos	[kosmos]
espacial, cósmico (adj)	kosmiline	[kosmiline]
espaço (m) cósmico	maailmaruum	[maːilʲmaruːm]
mundo (m)	maailm	[maːilʲm]
universo (m)	universum	[uniʋersum]
galáxia (f)	galaktika	[galaktika]
estrela (f)	täht	[tæht]
constelação (f)	tähtkuju	[tæhtkuju]
planeta (m)	planeet	[planeːt]
satélite (m)	satelliit	[satelʲiːt]
meteorito (m)	meteoriit	[meteoriːt]
cometa (m)	komeet	[komeːt]
asteroide (m)	asteroid	[asʲterojt]
órbita (f)	orbiit	[orbiːt]
girar (vi)	keerlema	[keːrlema]
atmosfera (f)	atmosfäär	[atmosfæːr]
Sol (m)	Päike	[pæjke]
Sistema (m) Solar	Päikesesüsteem	[pæjkesesʉsʲteːm]
eclipse (m) solar	päiksevarjutus	[pæjkseʋarjutus]
Terra (f)	Maa	[maː]
Lua (f)	Kuu	[kuː]
Marte (m)	Marss	[marss]
Vênus (f)	Veenus	[ʋeːnus]
Júpiter (m)	Jupiter	[jupiter]
Saturno (m)	Saturn	[saturn]
Mercúrio (m)	Merkuur	[merkuːr]
Urano (m)	Uraan	[uraːn]
Netuno (m)	Neptuun	[neptuːn]
Plutão (m)	Pluuto	[pluːto]
Via Láctea (f)	Linnutee	[linnuteː]
Ursa Maior (f)	Suur Vanker	[suːr ʋanker]
Estrela Polar (f)	Põhjanael	[pɤhjanaelʲ]
marciano (m)	marslane	[marslane]
extraterrestre (m)	võõra planeedi asukas	[ʋɤːra planeːdi asukas]

alienígena (m)	tulnukas	[tulʲnukas]
disco (m) voador	lendav taldrik	[lendaʋ talʲdrik]
espaçonave (f)	kosmoselaev	[kosmoselaeʋ]
estação (f) orbital	orbitaaljaam	[orbita:lja:m]
lançamento (m)	start	[sʲtart]
motor (m)	mootor	[mo:tor]
bocal (m)	düüs	[dʉ:s]
combustível (m)	kütus	[kʉtus]
cabine (f)	kabiin	[kabi:n]
antena (f)	antenn	[antenn]
vigia (f)	illuminaator	[ilʲumina:tor]
bateria (f) solar	päikesepatarei	[pæjkesepatarej]
traje (m) espacial	skafander	[skafander]
imponderabilidade (f)	kaaluta olek	[ka:luta olek]
oxigênio (m)	hapnik	[hapnik]
acoplagem (f)	põkkumine	[pɜkkumine]
fazer uma acoplagem	põkkama	[pɜkkama]
observatório (m)	observatoorium	[obserʋato:rium]
telescópio (m)	teleskoop	[telesko:p]
observar (vt)	jälgima	[jælʲgima]
explorar (vt)	uurima	[u:rima]

123. A Terra

Terra (f)	Maa	[ma:]
globo terrestre (Terra)	maakera	[ma:kera]
planeta (m)	planeet	[plane:t]
atmosfera (f)	atmosfäär	[atmosfæ:r]
geografia (f)	geograafia	[geogra:fia]
natureza (f)	loodus	[lo:dus]
globo (mapa esférico)	gloobus	[glo:bus]
mapa (m)	kaart	[ka:rt]
atlas (m)	atlas	[atlas]
Europa (f)	Euroopa	[euro:pa]
Ásia (f)	Aasia	[a:sia]
África (f)	Aafrika	[a:frika]
Austrália (f)	Austraalia	[ausʲtra:lia]
América (f)	Ameerika	[ame:rika]
América (f) do Norte	Põhja-Ameerika	[pɜhja-ame:rika]
América (f) do Sul	Lõuna-Ameerika	[lɜuna-ame:rika]
Antártida (f)	Antarktis	[antarktis]
Ártico (m)	Arktika	[arktika]

124. Pontos cardeais

norte (m)	põhi	[pɜhi]
para norte	põhja	[pɜhja]
no norte	põhjas	[pɜhjas]
do norte (adj)	põhja-	[pɜhja-]
sul (m)	lõuna	[lɜuna]
para sul	lõunasse	[lɜunasse]
no sul	lõunas	[lɜunas]
do sul (adj)	lõuna-	[lɜuna-]
oeste, ocidente (m)	lääs	[lʲæ:s]
para oeste	läände	[lʲæ:nde]
no oeste	läänes	[lʲæ:nes]
ocidental (adj)	lääne-	[lʲæ:ne-]
leste, oriente (m)	ida	[ida]
para leste	itta	[itta]
no leste	idas	[idas]
oriental (adj)	ida-	[ida-]

125. Mar. Oceano

mar (m)	meri	[meri]
oceano (m)	ookean	[o:kean]
golfo (m)	laht	[laht]
estreito (m)	väin	[ʋæjn]
terra (f) firme	maismaa	[maisma:]
continente (m)	manner	[manner]
ilha (f)	saar	[sa:r]
península (f)	poolsaar	[po:lʲsa:r]
arquipélago (m)	arhipelaag	[arhipela:g]
baía (f)	laht	[laht]
porto (m)	sadam	[sadam]
lagoa (f)	laguun	[lagu:n]
cabo (m)	neem	[ne:m]
atol (m)	atoll	[atolʲ]
recife (m)	riff	[riff]
coral (m)	korall	[koralʲ]
recife (m) de coral	korallrahu	[koralʲrahu]
profundo (adj)	sügav	[sʉgaʊ]
profundidade (f)	sügavus	[sʉgaʋus]
abismo (m)	sügavik	[sʉgaʋik]
fossa (f) oceânica	nõgu	[nɜgu]
corrente (f)	hoovus	[ho:ʊus]
banhar (vt)	uhtuma	[uhtuma]
litoral (m)	rand	[rant]

costa (f)	rannik	[rannik]
maré (f) alta	tõus	[tɜus]
refluxo (m)	mõõn	[mɜ:n]
restinga (f)	madalik	[madalik]
fundo (m)	põhi	[pɜhi]

onda (f)	laine	[laine]
crista (f) da onda	lainehari	[lainehari]
espuma (f)	vaht	[ʋaht]

tempestade (f)	torm	[torm]
furacão (m)	orkaan	[orka:n]
tsunami (m)	tsunami	[tsunami]
calmaria (f)	tuulevaikus	[tu:leʋaikus]
calmo (adj)	rahulik	[rahulik]

polo (m)	poolus	[po:lus]
polar (adj)	polaar-	[pola:r-]

latitude (f)	laius	[laius]
longitude (f)	pikkus	[pikkus]
paralela (f)	paralleel	[paralʲe:lʲ]
equador (m)	ekvaator	[ekʋa:tor]

céu (m)	taevas	[taeʋas]
horizonte (m)	silmapiir	[silʲmapi:r]
ar (m)	õhk	[ɜhk]

farol (m)	majakas	[majakas]
mergulhar (vi)	sukelduma	[sukelʲduma]
afundar-se (vr)	uppuma	[uppuma]
tesouros (m pl)	aarded	[a:rdet]

126. Nomes de Mares e Oceanos

Oceano (m) Atlântico	Atlandi ookean	[atlandi o:kean]
Oceano (m) Índico	India ookean	[india o:kean]
Oceano (m) Pacífico	Vaikne ookean	[ʋaikne o:kean]
Oceano (m) Ártico	Põhja-Jäämeri	[pɜhja-jæ:meri]

Mar (m) Negro	Must meri	[musʲt meri]
Mar (m) Vermelho	Punane meri	[punane meri]
Mar (m) Amarelo	Kollane meri	[kolʲæne meri]
Mar (m) Branco	Valge meri	[ʋalʲge meri]

Mar (m) Cáspio	Kaspia meri	[kaspia meri]
Mar (m) Morto	Surnumeri	[surnumeri]
Mar (m) Mediterrâneo	Vahemeri	[ʋahemeri]

Mar (m) Egeu	Egeuse meri	[egeuse meri]
Mar (m) Adriático	Aadria meri	[a:dria meri]

Mar (m) Arábico	Araabia meri	[ara:bia meri]
Mar (m) do Japão	Jaapani meri	[ja:pani meri]

| Mar (m) de Bering | Beringi meri | [beringi meri] |
| Mar (m) da China Meridional | Lõuna-Hiina meri | [lɜuna-hiːna meri] |

Mar (m) de Coral	Korallide meri	[koralʲide meri]
Mar (m) de Tasman	Tasmaania meri	[tasmaːnia meri]
Mar (m) do Caribe	Kariibi meri	[kariːbi meri]

| Mar (m) de Barents | Barentsi meri | [barentsi meri] |
| Mar (m) de Kara | Kara meri | [kara meri] |

Mar (m) do Norte	Põhjameri	[pɜhjameri]
Mar (m) Báltico	Läänemeri	[lʲæːnemeri]
Mar (m) da Noruega	Norra meri	[norra meri]

127. Montanhas

montanha (f)	mägi	[mægi]
cordilheira (f)	mäeahelik	[mæeahelik]
serra (f)	mäeahelik	[mæeahelik]

cume (m)	tipp	[tipp]
pico (m)	mäetipp	[mæetipp]
pé (m)	jalam	[jalam]
declive (m)	nõlv	[nɜlʲʊ]

vulcão (m)	vulkaan	[ʊulʲkaːn]
vulcão (m) ativo	tegutsev vulkaan	[tegutseʊ ʊulʲkaːn]
vulcão (m) extinto	kustunud vulkaan	[kusʲtunut ʊulʲkaːn]

erupção (f)	vulkaanipurse	[ʊulʲkaːnipurse]
cratera (f)	kraater	[kraːter]
magma (m)	magma	[magma]
lava (f)	laava	[laːʊa]
fundido (lava ~a)	hõõguv	[hɜːguʊ]

cânion, desfiladeiro (m)	kanjon	[kanjon]
garganta (f)	kuristik, taarn	[kurisʲtik, taːrn]
fenda (f)	kaljulõhe	[kaljulɜhe]
precipício (m)	kuristik	[kurisʲtik]

passo, colo (m)	kuru	[kuru]
planalto (m)	platoo	[platoː]
falésia (f)	kalju	[kalju]
colina (f)	küngas	[kʉngas]

geleira (f)	liustik	[liusʲtik]
cachoeira (f)	juga	[juga]
gêiser (m)	geiser	[gejser]
lago (m)	järv	[jærʊ]

planície (f)	lausmaa	[lausmaː]
paisagem (f)	maastik	[maːsʲtik]
eco (m)	kaja	[kaja]
alpinista (m)	alpinist	[alʲpinisʲt]

escalador (m)	kaljuronija	[kaljuronija]
conquistar (vt)	vallutama	[ualʲutama]
subida, escalada (f)	mäkketõus	[mækketɜus]

128. Nomes de montanhas

Alpes (m pl)	Alpid	[alʲpit]
Monte Branco (m)	Mont Blanc	[mon blan]
Pirineus (m pl)	Püreneed	[purene:t]

Cárpatos (m pl)	Karpaadid	[karpa:dit]
Urais (m pl)	Uurali mäed	[u:rali mææt]
Cáucaso (m)	Kaukasus	[kaukasus]
Elbrus (m)	Elbrus	[elʲbrus]

Altai (m)	Altai	[alʲtai]
Tian Shan (m)	Tjan-Šan	[tjanʃan]
Pamir (m)	Pamiir	[pami:r]
Himalaia (m)	Himaalaja	[hima:laja]
monte Everest (m)	Everest	[eueresʲt]

| Cordilheira (f) dos Andes | Andid | [andit] |
| Kilimanjaro (m) | Kilimandžaaro | [kilimandʒa:ro] |

129. Rios

rio (m)	jõgi	[jɜgi]
fonte, nascente (f)	allikas	[alʲikas]
leito (m) de rio	säng	[sæng]
bacia (f)	bassein	[bassejn]
desaguar no ...	suubuma	[su:buma]

| afluente (m) | lisajõgi | [lisajɜgi] |
| margem (do rio) | kallas | [kalʲæs] |

corrente (f)	vool	[uo:lʲ]
rio abaixo	allavoolu	[alʲæuo:lu]
rio acima	ülesvoolu	[ulesuo:lu]

inundação (f)	üleujutus	[uleujutus]
cheia (f)	suurvesi	[su:ruesi]
transbordar (vi)	üle ujutama	[ule ujutama]
inundar (vt)	uputama	[uputama]

| banco (m) de areia | madalik | [madalik] |
| corredeira (f) | lävi | [lʲæui] |

barragem (f)	pais	[pais]
canal (m)	kanal	[kanalʲ]
reservatório (m) de água	veehoidla	[ue:hojtla]
eclusa (f)	lüüs	[lu:s]
corpo (m) de água	veekogu	[ue:kogu]

pântano (m)	soo	[so:]
lamaçal (m)	õõtssoo	[ɜ:tsso:]
redemoinho (m)	veekeeris	[ʋe:ke:ris]

riacho (m)	oja	[oja]
potável (adj)	joogi-	[jo:gi-]
doce (água)	mage-	[mage-]

| gelo (m) | jää | [jæ:] |
| congelar-se (vr) | külmuma | [kʉlʲmuma] |

130. Nomes de rios

| rio Sena (m) | Seine | [sen] |
| rio Loire (m) | Loire | [lua:r] |

rio Tâmisa (m)	Thames	[tems]
rio Reno (m)	Rein	[rejn]
rio Danúbio (m)	Doonau	[do:nau]

rio Volga (m)	Volga	[ʋolʲga]
rio Don (m)	Don	[don]
rio Lena (m)	Leena	[le:na]

rio Amarelo (m)	Huang He	[huanhe]
rio Yangtzé (m)	Jangtse	[jangtse]
rio Mekong (m)	Mekong	[mekong]
rio Ganges (m)	Ganges	[ganges]

rio Nilo (m)	Niilus	[ni:lus]
rio Congo (m)	Kongo	[kongo]
rio Cubango (m)	Okavango	[okaʋango]
rio Zambeze (m)	Zambezi	[sambesi]
rio Limpopo (m)	Limpopo	[limpopo]
rio Mississippi (m)	Mississippi	[misisippi]

131. Floresta

| floresta (f), bosque (m) | mets | [mets] |
| florestal (adj) | metsa- | [metsa-] |

mata (f) fechada	tihnik	[tihnik]
arvoredo (m)	salu	[salu]
clareira (f)	lagendik	[lagendik]

| matagal (m) | padrik | [padrik] |
| mato (m), caatinga (f) | põõsastik | [pɜ:sasʲtik] |

pequena trilha (f)	jalgrada	[jalʲgrada]
ravina (f)	jäärak	[jæ:rak]
árvore (f)	puu	[pu:]
folha (f)	leht	[leht]

folhagem (f)	lehestik	[lehesʲtik]
queda (f) das folhas	lehtede langemine	[lehtede langemine]
cair (vi)	langema	[langema]
topo (m)	latv	[latʊ]

ramo (m)	oks	[oks]
galho (m)	oks	[oks]
botão (m)	pung	[pung]
agulha (f)	okas	[okas]
pinha (f)	käbi	[kæbi]

buraco (m) de árvore	puuõõs	[puːɜːs]
ninho (m)	pesa	[pesa]
toca (f)	urg	[urg]

tronco (m)	tüvi	[tʉʋi]
raiz (f)	juur	[juːr]
casca (f) de árvore	koor	[koːr]
musgo (m)	sammal	[sammalʲ]

arrancar pela raiz	juurima	[juːrima]
cortar (vt)	raiuma	[raiuma]
desflorestar (vt)	maha raiuma	[maha raiuma]
toco, cepo (m)	känd	[kænt]

fogueira (f)	lõke	[lɜke]
incêndio (m) florestal	tulekahju	[tulekahju]
apagar (vt)	kustutama	[kusʲtutama]

guarda-parque (m)	metsavaht	[metsaʋaht]
proteção (f)	taimekaitse	[taimekaitse]
proteger (a natureza)	looduskaitse	[loːduskaitse]
caçador (m) furtivo	salakütt	[salakʉtt]
armadilha (f)	püünis	[pʉːnis]

| colher (cogumelos, bagas) | korjama | [korjama] |
| perder-se (vr) | ära eksima | [æra eksima] |

132. Recursos naturais

recursos (m pl) naturais	loodusvarad	[loːdusʋarat]
minerais (m pl)	maavarad	[maːʋarat]
depósitos (m pl)	lademed	[lademet]
jazida (f)	leiukoht	[lejukoht]

extrair (vt)	kaevandama	[kaeʋandama]
extração (f)	kaevandamine	[kaeʋandamine]
minério (m)	maak	[maːk]
mina (f)	kaevandus	[kaeʋandus]
poço (m) de mina	šaht	[ʃaht]
mineiro (m)	kaevur	[kaeʋur]

| gás (m) | gaas | [gaːs] |
| gasoduto (m) | gaasijuhe | [gaːsijuhe] |

petróleo (m)	**nafta**	[nafta]
oleoduto (m)	**naftajuhe**	[naftajuhe]
poço (m) de petróleo	**nafta puurtorn**	[nafta pu:rtorn]
torre (f) petrolífera	**puurtorn**	[pu:rtorn]
petroleiro (m)	**tanker**	[tanker]

areia (f)	**liiv**	[li:ʋ]
calcário (m)	**paekivi**	[paekiʋi]
cascalho (m)	**kruus**	[kru:s]
turfa (f)	**turvas**	[turʋas]
argila (f)	**savi**	[saʋi]
carvão (m)	**süsi**	[süsi]

ferro (m)	**raud**	[raut]
ouro (m)	**kuld**	[kulʲt]
prata (f)	**hõbe**	[hɜbe]
níquel (m)	**nikkel**	[nikkelʲ]
cobre (m)	**vask**	[ʋask]

zinco (m)	**tsink**	[tsink]
manganês (m)	**mangaan**	[manga:n]
mercúrio (m)	**elavhõbe**	[elaʋhɜbe]
chumbo (m)	**seatina**	[seatina]

mineral (m)	**mineraal**	[minera:lʲ]
cristal (m)	**kristall**	[krisʲtalʲ]
mármore (m)	**marmor**	[marmor]
urânio (m)	**uraan**	[ura:n]

A Terra. Parte 2

133. Tempo

tempo (m)	ilm	[il'm]
previsão (f) do tempo	ilmaennustus	[il'maennus'tus]
temperatura (f)	temperatuur	[temperatu:r]
termômetro (m)	kraadiklaas	[kra:dikla:s]
barômetro (m)	baromeeter	[barome:ter]
úmido (adj)	niiske	[ni:ske]
umidade (f)	niiskus	[ni:skus]
calor (m)	kuumus	[ku:mus]
tórrido (adj)	kuum	[ku:m]
está muito calor	on kuum	[on ku:m]
está calor	soojus	[so:jus]
quente (morno)	soe	[soe]
está frio	on külm	[on kɐl'm]
frio (adj)	külm	[kɐl'm]
sol (m)	päike	[pæjke]
brilhar (vi)	paistma	[pais'tma]
de sol, ensolarado	päikseline	[pæjkseline]
nascer (vi)	tõusma	[tɜusma]
pôr-se (vr)	loojuma	[lo:juma]
nuvem (f)	pilv	[pil'ʊ]
nublado (adj)	pilves	[pil'ʊes]
nuvem (f) preta	pilv	[pil'ʊ]
escuro, cinzento (adj)	sompus	[sompus]
chuva (f)	vihm	[ʊihm]
está a chover	vihma sajab	[ʊihma sajab]
chuvoso (adj)	vihmane	[ʊihmane]
chuviscar (vi)	tibutama	[tibutama]
chuva (f) torrencial	paduvihm	[paduʊihm]
aguaceiro (m)	hoovihm	[ho:ʊihm]
forte (chuva, etc.)	tugev	[tugeʊ]
poça (f)	lomp	[lomp]
molhar-se (vr)	märjaks saama	[mærjaks sa:ma]
nevoeiro (m)	udu	[udu]
de nevoeiro	udune	[udune]
neve (f)	lumi	[lumi]
está nevando	lund sajab	[lunt sajab]

134. Tempo extremo. Catástrofes naturais

trovoada (f)	äike	[æjke]
relâmpago (m)	välk	[ʋælʲk]
relampejar (vi)	välku lööma	[ʋælʲku lø:ma]
trovão (m)	kõu	[kɜu]
trovejar (vi)	müristama	[mʉrisʲtama]
está trovejando	müristab	[mʉrisʲtab]
granizo (m)	rahe	[rahe]
está caindo granizo	rahet sajab	[rahet sajab]
inundar (vt)	üle ujutama	[ʉle ujutama]
inundação (f)	üleujutus	[ʉleujutus]
terremoto (m)	maavärin	[ma:ʋærin]
abalo, tremor (m)	tõuge	[tɜuge]
epicentro (m)	epitsenter	[epitsenter]
erupção (f)	vulkaanipurse	[ʋulʲka:nipurse]
lava (f)	laava	[la:ʋa]
tornado (m)	tromb	[tromb]
tornado (m)	tornaado	[torna:do]
tufão (m)	taifuun	[taifu:n]
furacão (m)	orkaan	[orka:n]
tempestade (f)	torm	[torm]
tsunami (m)	tsunami	[tsunami]
ciclone (m)	tsüklon	[tsʉklon]
mau tempo (m)	halb ilm	[halʲb ilʲm]
incêndio (m)	tulekahju	[tulekahju]
catástrofe (f)	katastroof	[katasʲtro:f]
meteorito (m)	meteoriit	[meteori:t]
avalanche (f)	laviin	[laʋi:n]
deslizamento (m) de neve	varing	[ʋaring]
nevasca (f)	lumetorm	[lumetorm]
tempestade (f) de neve	tuisk	[tuisk]

Fauna

135. Mamíferos. Predadores

predador (m)	kiskja	[kiskja]
tigre (m)	tiiger	[ti:ger]
leão (m)	lõvi	[lɜʋi]
lobo (m)	hunt	[hunt]
raposa (f)	rebane	[rebane]

jaguar (m)	jaaguar	[ja:guar]
leopardo (m)	leopard	[leopart]
chita (f)	gepard	[gepart]

pantera (f)	panter	[panter]
puma (m)	puuma	[pu:ma]
leopardo-das-neves (m)	lumeleopard	[lumeleopart]
lince (m)	ilves	[ilʲʋes]

coiote (m)	koiott	[kojott]
chacal (m)	šaakal	[ʃaːkalʲ]
hiena (f)	hüään	[hʉæːn]

136. Animais selvagens

| animal (m) | loom | [lo:m] |
| besta (f) | metsloom | [metslo:m] |

esquilo (m)	orav	[oraʋ]
ouriço (m)	siil	[si:lʲ]
lebre (f)	jänes	[jænes]
coelho (m)	küülik	[kʉ:lik]

texugo (m)	mäger	[mæger]
guaxinim (m)	pesukaru	[pesukaru]
hamster (m)	hamster	[hamsʲter]
marmota (f)	koopaorav	[ko:paoraʋ]

toupeira (f)	mutt	[mutt]
rato (m)	hiir	[hi:r]
ratazana (f)	rott	[rott]
morcego (m)	nahkhiir	[nahkhi:r]

arminho (m)	kärp	[kærp]
zibelina (f)	soobel	[so:belʲ]
marta (f)	nugis	[nugis]
doninha (f)	nirk	[nirk]
visom (m)	naarits	[na:rits]

castor (m)	kobras	[kobras]
lontra (f)	saarmas	[sa:rmas]

cavalo (m)	hobune	[hobune]
alce (m)	põder	[pɜder]
veado (m)	põhjapõder	[pɜhjapɜder]
camelo (m)	kaamel	[ka:melʲ]

bisão (m)	piison	[pi:son]
auroque (m)	euroopa piison	[euro:pa pi:son]
búfalo (m)	pühvel	[pʉhʋelʲ]

zebra (f)	sebra	[sebra]
antílope (m)	antiloop	[antilo:p]
corça (f)	metskits	[metskits]
gamo (m)	kabehirv	[kabehirʋ]
camurça (f)	mägikits	[mægikits]
javali (m)	metssiga	[metssiga]

baleia (f)	vaal	[ʋa:lʲ]
foca (f)	hüljes	[hʉljes]
morsa (f)	merihobu	[merihobu]
urso-marinho (m)	kotik	[kotik]
golfinho (m)	delfiin	[delfi:n]

urso (m)	karu	[karu]
urso (m) polar	jääkaru	[jæ:karu]
panda (m)	panda	[panda]

macaco (m)	ahv	[ahʋ]
chimpanzé (m)	šimpans	[ʃimpans]
orangotango (m)	orangutang	[orangutang]
gorila (m)	gorilla	[gorilʲæ]
macaco (m)	makaak	[maka:k]
gibão (m)	gibon	[gibon]

elefante (m)	elevant	[eleʋant]
rinoceronte (m)	ninasarvik	[ninasarʋik]
girafa (f)	kaelkirjak	[kaelʲkirjak]
hipopótamo (m)	jõehobu	[jɜehobu]

canguru (m)	känguru	[kænguru]
coala (m)	koaala	[koa:la]

mangusto (m)	mangust	[mangusʲt]
chinchila (f)	tšintšilja	[tʃintʃilja]
cangambá (f)	skunk	[skunk]
porco-espinho (m)	okassiga	[okassiga]

137. Animais domésticos

gata (f)	kass	[kass]
gato (m) macho	kass	[kass]
cão (m)	koer	[koer]

cavalo (m)	hobune	[hobune]
garanhão (m)	täkk	[tækk]
égua (f)	mära	[mæra]
vaca (f)	lehm	[lehm]
touro (m)	pull	[pulʲ]
boi (m)	härg	[hærg]
ovelha (f)	lammas	[lammas]
carneiro (m)	oinas	[ojnas]
cabra (f)	kits	[kits]
bode (m)	sokk	[sokk]
burro (m)	eesel	[e:selʲ]
mula (f)	muul	[mu:lʲ]
porco (m)	siga	[siga]
leitão (m)	põrsas	[pɜrsas]
coelho (m)	küülik	[kʉ:lik]
galinha (f)	kana	[kana]
galo (m)	kukk	[kukk]
pata (f), pato (m)	part	[part]
pato (m)	sinikaelpart	[sinikaelʲpart]
ganso (m)	hani	[hani]
peru (m)	kalkun	[kalʲkun]
perua (f)	kalkun	[kalʲkun]
animais (m pl) domésticos	koduloomad	[kodulo:mat]
domesticado (adj)	kodustatud	[kodusʲtatut]
domesticar (vt)	taltsutama	[talʲtsutama]
criar (vt)	üles kasvatama	[ʉles kasʋatama]
fazenda (f)	farm	[farm]
aves (f pl) domésticas	kodulinnud	[kodulinnut]
gado (m)	kariloomad	[karilo:mat]
rebanho (m), manada (f)	kari	[kari]
estábulo (m)	hobusetall	[hobusetalʲ]
chiqueiro (m)	sigala	[sigala]
estábulo (m)	lehmalaut	[lehmalaut]
coelheira (f)	küülikukasvandus	[kʉ:likukasʋandus]
galinheiro (m)	kanala	[kanala]

138. Pássaros

pássaro (m), ave (f)	lind	[lint]
pombo (m)	tuvi	[tuʋi]
pardal (m)	varblane	[ʋarblane]
chapim-real (m)	tihane	[tihane]
pega-rabuda (f)	harakas	[harakas]
corvo (m)	ronk	[ronk]

gralha-cinzenta (f)	**vares**	[ʋares]
gralha-de-nuca-cinzenta (f)	**hakk**	[hakk]
gralha-calva (f)	**künnivares**	[kʉnniʋares]
pato (m)	**part**	[part]
ganso (m)	**hani**	[hani]
faisão (m)	**faasan**	[faːsan]
águia (f)	**kotkas**	[kotkas]
açor (m)	**kull**	[kulʲ]
falcão (m)	**kotkas**	[kotkas]
abutre (m)	**raisakull**	[raisakulʲ]
condor (m)	**kondor**	[kondor]
cisne (m)	**luik**	[luik]
grou (m)	**kurg**	[kurg]
cegonha (f)	**toonekurg**	[toːnekurg]
papagaio (m)	**papagoi**	[papagoj]
beija-flor (m)	**koolibri**	[koːlibri]
pavão (m)	**paabulind**	[paːbulint]
avestruz (m)	**jaanalind**	[jaːnalint]
garça (f)	**haigur**	[haigur]
flamingo (m)	**flamingo**	[flamingo]
pelicano (m)	**pelikan**	[pelikan]
rouxinol (m)	**ööbik**	[øːbik]
andorinha (f)	**suitsupääsuke**	[suitsupæːsuke]
tordo-zornal (m)	**rästas**	[ræsʲtas]
tordo-músico (m)	**laulurästas**	[lauluræsʲtas]
melro-preto (m)	**musträstas**	[musʲtræsʲtas]
andorinhão (m)	**piiripääsuke**	[piːripæːsuke]
cotovia (f)	**lõoke**	[lɔoke]
codorna (f)	**vutt**	[ʋutt]
pica-pau (m)	**rähn**	[ræhn]
cuco (m)	**kägu**	[kægu]
coruja (f)	**öökull**	[øːkulʲ]
bufo-real (m)	**kakk**	[kakk]
tetraz-grande (m)	**metsis**	[metsis]
tetraz-lira (m)	**teder**	[teder]
perdiz-cinzenta (f)	**põldpüü**	[pɔlʲtpʉː]
estorninho (m)	**kuldnokk**	[kulʲdnokk]
canário (m)	**kanaarilind**	[kanaːrilint]
galinha-do-mato (f)	**laanepüü**	[laːnepʉː]
tentilhão (m)	**metsvint**	[metsʋint]
dom-fafe (m)	**leevike**	[leːʋike]
gaivota (f)	**kajakas**	[kajakas]
albatroz (m)	**albatross**	[alʲbatross]
pinguim (m)	**pingviin**	[pingʋiːn]

139. Peixes. Animais marinhos

brema (f)	latikas	[latikas]
carpa (f)	karpkala	[karpkala]
perca (f)	ahven	[ahʋen]
siluro (m)	säga	[sæga]
lúcio (m)	haug	[haug]

salmão (m)	lõhe	[lɜhe]
esturjão (m)	tuurakala	[tu:rakala]

arenque (m)	heeringas	[he:ringas]
salmão (m) do Atlântico	väärislõhe	[ʋæ:rislɜhe]
cavala, sarda (f)	skumbria	[skumbria]
solha (f), linguado (m)	lest	[lesʲt]

lúcio perca (m)	kohakala	[kohakala]
bacalhau (m)	tursk	[tursk]
atum (m)	tuunikala	[tu:nikala]
truta (f)	forell	[forelʲ]

enguia (f)	angerjas	[angerjas]
raia (f) elétrica	elektrirai	[elektrirai]
moreia (f)	mureen	[mure:n]
piranha (f)	piraaja	[pira:ja]

tubarão (m)	haikala	[haikala]
golfinho (m)	delfiin	[delfi:n]
baleia (f)	vaal	[ʋa:lʲ]

caranguejo (m)	krabi	[krabi]
água-viva (f)	meduus	[medu:s]
polvo (m)	kaheksajalg	[kaheksajalʲg]

estrela-do-mar (f)	meritäht	[meritæht]
ouriço-do-mar (m)	merisiil	[merisi:lʲ]
cavalo-marinho (m)	merihobuke	[merihobuke]

ostra (f)	auster	[ausʲter]
camarão (m)	krevett	[kreʋett]
lagosta (f)	homaar	[homa:r]
lagosta (f)	langust	[langusʲt]

140. Anfíbios. Répteis

cobra (f)	uss	[uss]
venenoso (adj)	mürgine	[mʉrgine]

víbora (f)	rästik	[ræsʲtik]
naja (f)	kobra	[kobra]
píton (m)	püüton	[pʉ:ton]
jiboia (f)	boamadu	[boamadu]
cobra-de-água (f)	nastik	[nasʲtik]

cascavel (f)	lõgismadu	[lɜgismadu]
anaconda (f)	anakonda	[anakonda]

lagarto (m)	sisalik	[sisalik]
iguana (f)	iguaan	[igua:n]
varano (m)	varaan	[ʋara:n]
salamandra (f)	salamander	[salamander]
camaleão (m)	kameeleon	[kame:leon]
escorpião (m)	skorpion	[skorpion]

tartaruga (f)	kilpkonn	[kilʲpkonn]
rã (f)	konn	[konn]
sapo (m)	kärnkonn	[kærnkonn]
crocodilo (m)	krokodill	[krokodilʲ]

141. Insetos

inseto (m)	putukas	[putukas]
borboleta (f)	liblikas	[liblikas]
formiga (f)	sipelgas	[sipelʲgas]
mosca (f)	kärbes	[kærbes]
mosquito (m)	sääsk	[sæ:sk]
escaravelho (m)	sitikas	[sitikas]

vespa (f)	herilane	[herilane]
abelha (f)	mesilane	[mesilane]
mamangaba (f)	metsmesilane	[metsmesilane]
moscardo (m)	kiin	[ki:n]

aranha (f)	ämblik	[æmblik]
teia (f) de aranha	ämblikuvõrk	[æmblikuʋɜrk]

libélula (f)	kiil	[ki:lʲ]
gafanhoto (m)	rohutirts	[rohutirts]
traça (f)	liblikas	[liblikas]

barata (f)	tarakan	[tarakan]
carrapato (m)	puuk	[pu:k]
pulga (f)	kirp	[kirp]
borrachudo (m)	kihulane	[kihulane]

gafanhoto (m)	rändtirts	[rændtirts]
caracol (m)	tigu	[tigu]
grilo (m)	ritsikas	[ritsikas]
pirilampo, vaga-lume (m)	jaaniuss	[ja:niuss]
joaninha (f)	lepatriinu	[lepatri:nu]
besouro (m)	maipõrnikas	[maipɜrnikas]

sanguessuga (f)	kaan	[ka:n]
lagarta (f)	tõuk	[tɜuk]
minhoca (f)	vagel	[ʋagelʲ]
larva (f)	tõuk	[tɜuk]

Flora

142. Árvores

árvore (f)	puu	[pu:]
decídua (adj)	lehtpuu	[lehtpu:]
conífera (adj)	okaspuu	[okaspu:]
perene (adj)	igihaljas	[igihaljas]
macieira (f)	õunapuu	[ɜunapu:]
pereira (f)	pirnipuu	[pirnipu:]
cerejeira (f)	murelipuu	[murelipu:]
ginjeira (f)	kirsipuu	[kirsipu:]
ameixeira (f)	ploomipuu	[plo:mipu:]
bétula (f)	kask	[kask]
carvalho (m)	tamm	[tamm]
tília (f)	pärn	[pærn]
choupo-tremedor (m)	haav	[ha:ʊ]
bordo (m)	vaher	[ʊaher]
espruce (m)	kuusk	[ku:sk]
pinheiro (m)	mänd	[mænt]
alerce, lariço (m)	lehis	[lehis]
abeto (m)	nulg	[nulʲg]
cedro (m)	seeder	[se:der]
choupo, álamo (m)	pappel	[pappelʲ]
tramazeira (f)	pihlakas	[pihlakas]
salgueiro (m)	paju	[paju]
amieiro (m)	lepp	[lepp]
faia (f)	pöök	[pø:k]
ulmeiro, olmo (m)	jalakas	[jalakas]
freixo (m)	saar	[sa:r]
castanheiro (m)	kastan	[kasʲtan]
magnólia (f)	magnoolia	[magno:lia]
palmeira (f)	palm	[palʲm]
cipreste (m)	küpress	[kʉpress]
mangue (m)	mangroovipuu	[mangro:ʊipu:]
embondeiro, baobá (m)	ahvileivapuu	[ahʊilejʊapu:]
eucalipto (m)	eukalüpt	[eukalʉpt]
sequoia (f)	sekvoia	[sekʊoja]

143. Arbustos

arbusto (m)	põõsas	[pɜ:sas]
arbusto (m), moita (f)	põõsastik	[pɜ:sasʲtik]

videira (f)	viinamarjad	[ʋiːnamarjat]
vinhedo (m)	viinamarjaistandus	[ʋiːnamarjaisʲtandus]
framboeseira (f)	vaarikas	[ʋaːrikas]
groselheira-negra (f)	mustsõstra põõsas	[musʲt sɜsʲtra pɜːsas]
groselheira-vermelha (f)	punane sõstar põõsas	[punane sɜsʲtar pɜːsas]
groselheira (f) espinhosa	karusmari	[karusmari]
acácia (f)	akaatsia	[akaːtsia]
bérberis (f)	kukerpuu	[kukerpu:]
jasmim (m)	jasmiin	[jasmiːn]
junípero (m)	kadakas	[kadakas]
roseira (f)	roosipõõsas	[roːsipɜːsas]
roseira (f) brava	kibuvits	[kibuʋits]

144. Frutos. Bagas

fruta (f)	puuvili	[puːʋili]
frutas (f pl)	puuviljad	[puːʋiljat]
maçã (f)	õun	[ɜun]
pera (f)	pirn	[pirn]
ameixa (f)	ploom	[ploːm]
morango (m)	aedmaasikas	[aedmaːsikas]
ginja (f)	kirss	[kirss]
cereja (f)	murel	[murelʲ]
uva (f)	viinamarjad	[ʋiːnamarjat]
framboesa (f)	vaarikas	[ʋaːrikas]
groselha (f) negra	must sõstar	[musʲt sɜsʲtar]
groselha (f) vermelha	punane sõstar	[punane sɜsʲtar]
groselha (f) espinhosa	karusmari	[karusmari]
oxicoco (m)	jõhvikas	[jɜhʋikas]
laranja (f)	apelsin	[apelʲsin]
tangerina (f)	mandariin	[mandariːn]
abacaxi (m)	ananass	[ananass]
banana (f)	banaan	[banaːn]
tâmara (f)	dattel	[dattelʲ]
limão (m)	sidrun	[sidrun]
damasco (m)	aprikoos	[aprikoːs]
pêssego (m)	virsik	[ʋirsik]
quiuí (m)	kiivi	[kiːʋi]
toranja (f)	greip	[grejp]
baga (f)	mari	[mari]
bagas (f pl)	marjad	[marjat]
arando (m) vermelho	pohlad	[pohlat]
morango-silvestre (m)	maasikas	[maːsikas]
mirtilo (m)	mustikas	[musʲtikas]

145. Flores. Plantas

flor (f)	lill	[lilʲ]
buquê (m) de flores	lillekimp	[lilʲekimp]
rosa (f)	roos	[roːs]
tulipa (f)	tulp	[tulʲp]
cravo (m)	nelk	[nelʲk]
gladíolo (m)	gladiool	[gladioːlʲ]
centáurea (f)	rukkilill	[rukkililʲ]
campainha (f)	kellukas	[kelʲukas]
dente-de-leão (m)	võilill	[ʋɜililʲ]
camomila (f)	karikakar	[karikakar]
aloé (m)	aaloe	[aːloe]
cacto (m)	kaktus	[kaktus]
fícus (m)	kummipuu	[kummipuː]
lírio (m)	liilia	[liːlia]
gerânio (m)	geraanium	[geraːnium]
jacinto (m)	hüatsint	[hʉatsint]
mimosa (f)	mimoos	[mimoːs]
narciso (m)	nartsiss	[nartsiss]
capuchinha (f)	kress	[kress]
orquídea (f)	orhidee	[orhideː]
peônia (f)	pojeng	[pojeng]
violeta (f)	kannike	[kannike]
amor-perfeito (m)	võõrasemad	[ʋɜːrasemat]
não-me-esqueças (m)	meelespea	[meːlespea]
margarida (f)	margareeta	[margareːta]
papoula (f)	moon	[moːn]
cânhamo (m)	kanep	[kanep]
hortelã, menta (f)	piparmünt	[piparmʉnt]
lírio-do-vale (m)	maikelluke	[maikelʲuke]
campânula-branca (f)	lumikelluke	[lumikelʲuke]
urtiga (f)	nõges	[nɜges]
azedinha (f)	hapuoblikas	[hapuoblikas]
nenúfar (m)	vesiroos	[ʋesiroːs]
samambaia (f)	sõnajalg	[sɜnajalʲg]
líquen (m)	samblik	[samblik]
estufa (f)	kasvuhoone	[kasʋuhoːne]
gramado (m)	muru	[muru]
canteiro (m) de flores	lillepeenar	[lilʲepeːnar]
planta (f)	taim	[taim]
grama (f)	rohi	[rohi]
folha (f) de grama	rohulible	[rohulible]

folha (f)	**leht**	[leht]
pétala (f)	**õieleht**	[ɜieleht]
talo (m)	**vars**	[ʋars]
tubérculo (m)	**sibul**	[sibulʲ]

broto, rebento (m)	**idu**	[idu]
espinho (m)	**okas**	[okas]

florescer (vi)	**õitsema**	[ɜitsema]
murchar (vi)	**närtsima**	[nærtsima]
cheiro (m)	**lõhn**	[lɜhn]
cortar (flores)	**lõikama**	[lɜikama]
colher (uma flor)	**murdma**	[murdma]

146. Cereais, grãos

grão (m)	**vili**	[ʋili]
cereais (plantas)	**teraviljad**	[teraʋiljat]
espiga (f)	**kõrs**	[kɜrs]

trigo (m)	**nisu**	[nisu]
centeio (m)	**rukis**	[rukis]
aveia (f)	**kaer**	[kaer]
painço (m)	**hirss**	[hirss]
cevada (f)	**oder**	[oder]

milho (m)	**mais**	[mais]
arroz (m)	**riis**	[ri:s]
trigo-sarraceno (m)	**tatar**	[tatar]

ervilha (f)	**hernes**	[hernes]
feijão (m) roxo	**aedoad**	[aedoat]
soja (f)	**soja**	[soja]
lentilha (f)	**lääts**	[lʲæ:ts]
feijão (m)	**põldoad**	[pɜlʲdoat]

PAÍSES. NACIONALIDADES

147. Europa Ocidental

Europa (f)	Euroopa	[euro:pa]
União (f) Europeia	Euroopa Liit	[euro:pa li:t]
Áustria (f)	Austria	[aus¹tria]
Grã-Bretanha (f)	Suurbritannia	[su:rbritannia]
Inglaterra (f)	Inglismaa	[inglisma:]
Bélgica (f)	Belgia	[bel¹gia]
Alemanha (f)	Saksamaa	[saksama:]
Países Baixos (m pl)	Madalmaad	[madal¹ma:t]
Holanda (f)	Holland	[hol¹ænt]
Grécia (f)	Kreeka	[kre:ka]
Dinamarca (f)	Taani	[ta:ni]
Irlanda (f)	Iirimaa	[i:rima:]
Islândia (f)	Island	[islant]
Espanha (f)	Hispaania	[hispa:nia]
Itália (f)	Itaalia	[ita:lia]
Chipre (m)	Küpros	[kʉpros]
Malta (f)	Malta	[mal¹ta]
Noruega (f)	Norra	[norra]
Portugal (m)	Portugal	[portugal¹]
Finlândia (f)	Soome	[so:me]
França (f)	Prantsusmaa	[prantsusma:]
Suécia (f)	Rootsi	[ro:tsi]
Suíça (f)	Šveits	[ʃʋejts]
Escócia (f)	Šotimaa	[ʃotima:]
Vaticano (m)	Vatikan	[ʋatikan]
Liechtenstein (m)	Liechtenstein	[lihtenʃtejn]
Luxemburgo (m)	Luxembourg	[luksembourg]
Mônaco (m)	Monaco	[monako]

148. Europa Central e de Leste

Albânia (f)	Albaania	[al¹ba:nia]
Bulgária (f)	Bulgaaria	[bul¹ga:ria]
Hungria (f)	Ungari	[ungari]
Letônia (f)	Läti	[lʲæti]
Lituânia (f)	Leedu	[le:du]
Polônia (f)	Poola	[po:la]

Romênia (f)	Rumeenia	[rume:nia]
Sérvia (f)	Serbia	[serbia]
Eslováquia (f)	Slovakkia	[slouakkia]

Croácia (f)	Kroaatia	[kroa:tia]
República (f) Checa	Tšehhia	[tʃehhia]
Estônia (f)	Eesti	[e:sʲti]

Bósnia e Herzegovina (f)	Bosnia ja Hertsegoviina	[bosnia ja hertsegoui:na]
Macedônia (f)	Makedoonia	[makedo:nia]
Eslovênia (f)	Sloveenia	[slove:nia]
Montenegro (m)	Montenegro	[montenegro]

149. Países da ex-URSS

| Azerbaijão (m) | Aserbaidžaan | [aserbaidʒa:n] |
| Armênia (f) | Armeenia | [arme:nia] |

Belarus	Valgevenemaa	[ualʲgeuenema:]
Geórgia (f)	Gruusia	[gru:sia]
Cazaquistão (m)	Kasahstan	[kasahsʲtan]
Quirguistão (m)	Kõrgõzstan	[kɜrgɜsʲtan]
Moldávia (f)	Moldova	[molʲdoua]

| Rússia (f) | Venemaa | [uenema:] |
| Ucrânia (f) | Ukraina | [ukraina] |

Tajiquistão (m)	Tadžikistan	[tadʒikisʲtan]
Turquemenistão (m)	Türkmenistan	[turkmenisʲtan]
Uzbequistão (f)	Usbekistan	[usbekisʲtan]

150. Asia

Ásia (f)	Aasia	[a:sia]
Vietnã (m)	Vietnam	[uietnam]
Índia (f)	India	[india]
Israel (m)	Iisrael	[i:sraelʲ]

China (f)	Hiina	[hi:na]
Líbano (m)	Liibanon	[li:banon]
Mongólia (f)	Mongoolia	[mongo:lia]

| Malásia (f) | Malaisia | [malaisia] |
| Paquistão (m) | Pakistan | [pakisʲtan] |

Arábia (f) Saudita	Saudi Araabia	[saudi ara:bia]
Tailândia (f)	Tai	[tai]
Taiwan (m)	Taivan	[taiuan]
Turquia (f)	Türgi	[turgi]
Japão (m)	Jaapan	[ja:pan]
Afeganistão (m)	Afganistan	[afganisʲtan]
Bangladesh (m)	Bangladesh	[bangladesh]

Indonésia (f)	**Indoneesia**	[indone:sia]
Jordânia (f)	**Jordaania**	[jorda:nia]
Iraque (m)	**Iraak**	[ira:k]
Irã (m)	**Iraan**	[ira:n]
Camboja (f)	**Kambodža**	[kamboʤa]
Kuwait (m)	**Kuveit**	[kuʋejt]
Laos (m)	**Laos**	[laos]
Birmânia (f)	**Mjanma**	[mjanma]
Nepal (m)	**Nepal**	[nepalʲ]
Emirados Árabes Unidos	**Araabia Ühendemiraadid**	[ara:bia ʉhendemira:dit]
Síria (f)	**Süüria**	[sʉ:ria]
Palestina (f)	**Palestiina autonoomia**	[palesʲti:na autono:mia]
Coreia (f) do Sul	**Lõuna-Korea**	[lɜuna-korea]
Coreia (f) do Norte	**Põhja-Korea**	[pɜhja-korea]

151. América do Norte

Estados Unidos da América	**Ameerika Ühendriigid**	[ame:rika ʉhendri:git]
Canadá (m)	**Kanada**	[kanada]
México (m)	**Mehhiko**	[mehhiko]

152. América Central do Sul

Argentina (f)	**Argentiina**	[argenti:na]
Brasil (m)	**Brasiilia**	[brasi:lia]
Colômbia (f)	**Kolumbia**	[kolumbia]
Cuba (f)	**Kuuba**	[ku:ba]
Chile (m)	**Tšiili**	[tʃi:li]
Bolívia (f)	**Boliivia**	[boli:ʋia]
Venezuela (f)	**Venetsueela**	[ʋenetsue:la]
Paraguai (m)	**Paraguai**	[paraguai]
Peru (m)	**Peruu**	[peru:]
Suriname (m)	**Suriname**	[suriname]
Uruguai (m)	**Uruguai**	[uruguai]
Equador (m)	**Ecuador**	[ekuador]
Bahamas (f pl)	**Bahama saared**	[bahama sa:ret]
Haiti (m)	**Haiiti**	[hai:ti]
República Dominicana	**Dominikaani Vabariik**	[dominika:ni ʋabari:k]
Panamá (m)	**Panama**	[panama]
Jamaica (f)	**Jamaika**	[jamaika]

153. Africa

Egito (m)	**Egiptus**	[egiptus]
Marrocos	**Maroko**	[maroko]

Tunísia (f)	Tuneesia	[tune:sia]
Gana (f)	Gaana	[ga:na]
Zanzibar (m)	Sansibar	[sansibar]
Quênia (f)	Keenia	[ke:nia]
Líbia (f)	Liibüa	[li:bʉa]
Madagascar (m)	Madagaskar	[madagaskar]

Namíbia (f)	Namiibia	[nami:bia]
Senegal (m)	Senegal	[senegalʲ]
Tanzânia (f)	Tansaania	[tansa:nia]
África (f) do Sul	Lõuna-Aafrika Vabariik	[lɜuna-a:frika ʋabari:k]

154. Austrália. Oceania

Austrália (f)	Austraalia	[ausʲtra:lia]
Nova Zelândia (f)	Uus Meremaa	[u:s merema:]

Tasmânia (f)	Tasmaania	[tasma:nia]
Polinésia (f) Francesa	Prantsuse Polüneesia	[prantsuse polʉne:sia]

155. Cidades

Amesterdã, Amsterdã	Amsterdam	[amsʲterdam]
Ancara	Ankara	[ankara]
Atenas	Ateena	[ate:na]
Bagdade	Bagdad	[bagdat]
Bancoque	Bangkok	[bangkok]

Barcelona	Barcelona	[barselona]
Beirute	Beirut	[bejrut]
Berlim	Berliin	[berli:n]
Bonn	Bonn	[bonn]
Bordéus	Bordeaux	[bordo:]

Bratislava	Bratislava	[bratislaʋa]
Bruxelas	Brüssel	[brʉsselʲ]
Bucareste	Bukarest	[bukaresʲt]
Budapeste	Budapest	[budapesʲt]
Cairo	Kairo	[kajro]

Calcutá	Kalkuta	[kalʲkuta]
Chicago	Chicago	[tʃikago]
Cidade do México	Mexico	[mehiko]
Copenhague	Kopenhaagen	[kopenha:gen]
Dar es Salaam	Dar Es Salaam	[dar es sala:m]

Deli	Delhi	[deli]
Dubai	Dubai	[dubai]
Dublim	Dublin	[dublin]
Düsseldorf	Düsseldorf	[dʉsselʲdorf]
Estocolmo	Stockholm	[stokholʲm]
Florença	Firenze	[firenzə]

Frankfurt	**Frankfurt**	[frankfurt]
Genebra	**Genf**	[genf]
Haia	**Haag**	[ha:g]
Hamburgo	**Hamburg**	[hamburg]
Hanói	**Hanoi**	[hanoj]
Havana	**Havanna**	[hauanna]
Helsinque	**Helsingi**	[helʲsingi]
Hiroshima	**Hiroshima**	[hiroshima]
Hong Kong	**Hongkong**	[honkong]
Istambul	**Istanbul**	[istanbulʲ]
Jerusalém	**Jeruusalemm**	[jeru:salemm]
Kiev, Quieve	**Kiiev**	[ki:eu]
Kuala Lumpur	**Kuala Lumpur**	[kuala lumpur]
Lion	**Lyon**	[lyon]
Lisboa	**Lissabon**	[lissssabon]
Londres	**London**	[london]
Los Angeles	**Los Angeles**	[los angeles]
Madrid	**Madrid**	[madrit]
Marselha	**Marseille**	[marselʲ]
Miami	**Miami**	[majæmi]
Montreal	**Montreal**	[montrealʲ]
Moscou	**Moskva**	[moskua]
Mumbai	**Bombay**	[bombej]
Munique	**München**	[munhen]
Nairóbi	**Nairobi**	[nairobi]
Nápoles	**Napoli**	[napoli]
Nice	**Nice**	[nitsə]
Nova York	**New York**	[nju york]
Oslo	**Oslo**	[oslo]
Ottawa	**Ottawa**	[ottawa]
Paris	**Pariis**	[pari:s]
Pequim	**Peking**	[peking]
Praga	**Praha**	[praha]
Rio de Janeiro	**Rio de Janeiro**	[rio de ʒanejro]
Roma	**Rooma**	[ro:ma]
São Petersburgo	**Peterburi**	[peterburi]
Seul	**Soul**	[soulʲ]
Singapura	**Singapur**	[singapur]
Sydney	**Sidney**	[sidni]
Taipé	**Taibei**	[taibej]
Tóquio	**Tokio**	[tokio]
Toronto	**Toronto**	[toronto]
Varsóvia	**Varssavi**	[uarssaui]
Veneza	**Veneetsia**	[uene:tsia]
Viena	**Viin**	[ui:n]
Washington	**Washington**	[uoʃington]
Xangai	**Shanghai**	[ʃanhai]